Licht

Licht

Die Kunst der richtigen Beleuchtung

Elizabeth Wilhide

mit Fotografien von Ray Main

nicolai

Titel der Originalausgabe: Lighting

Aus dem Englischen von Tanja Keil und Ute Wikenhauser

Redaktion und Satz der deutschsprachigen Ausgabe:
Monika Klauck, Saarbrücken, und Nicole Hardegen, Köln

Druck: Toppan Printing Co., China

ISBN 3-87584-800-4

Inhalt

Von der einladenden Vorhallenbeleuchtung eines Hauses bis hin zur beruhigenden Nachtleuchte, vom Licht über der Arbeitsfläche in der Küche bis zur verstellbaren Schreibtischleuchte – in allen Lebensbereichen verlassen wir uns heute auf die Effizienz und Sicherheit einer entsprechenden Beleuchtung. Dabei kann uns bereits eine durchgebrannte Sicherung oder ein kurzer Stromausfall vor Augen führen, wie verloren wir sind ohne Licht.

Beleuchtung ist jedoch weit mehr als das. Eine gute Beleuchtung macht aus einem langweiligen Raum ohne besondere Atmosphäre ein lebendiges, lebensfrohes Ambiente. Sie kann entspannen und beruhigen, Vertrautheit schaffen und Akzente setzen. Kurz, die richtige Beleuchtung kann Räume in Sekundenschnelle verwandeln.

Zwar ist die praktische Bedeutung eines Beleuchtungskörpers unumstritten, sein kreatives Potential wird jedoch nur selten ganz ausgeschöpft. So steht die Wahl der Beleuchtung oft an letzter Stelle bei der Ausgestaltung neuer Räume. Die möglichen Effekte einer guten Beleuchtung finden kaum Beachtung. Auch in bereits eingerichteten Räumen werden einfache, kostengünstige Veränderungen, die zu einem erheblich verbesserten Raumgefühl beitragen, nur allzuoft übersehen.

Viele von uns wählen Leuchten nur nach ihrem Erscheinungsbild aus. Selten schaltet man sie beim Kauf ein und überprüft, auf welche Weise sie das Licht streuen bzw. lenken. Dabei kann das Anbringen der verkehrten Leuchte oder Lichtquelle dazu führen, daß wir bei der Ausübung einer Tätigkeit behindert werden oder – schlimmstenfalls – dazu überhaupt nicht mehr in der Lage sind; wenn wir Glück haben, bewirkt die falsche Beleuchtung nur, daß unsere Bemühungen, Atmosphäre zu schaffen und architektonische Akzente zu setzen, zunichte gemacht werden. Richtig inszenierte Beleuchtung orientiert sich primär an der Qualität des Lichts selbst, an seinen Farben, seiner Ausrichtung und seiner Intensität.

In den letzten Jahren wurde das Angebot an Wohnraumleuchten beträchtlich erweitert, nicht zuletzt aufgrund neuer technischer Lösungen. Die Arbeiten zeitgenössischer Designer zeichnen sich aus durch skulpturhafte Formen, leuchtende Farben und reizvolle neue Materialien. Der Rahmen für kreative Beleuchtungseffekte war noch nie so weit gesteckt wie heute.

Trotz dieser Möglichkeiten wird Beleuchtung oft als schwierig empfunden, als etwas, das irgendwie der Technik zuzurechnen ist. Viele halten sich infolgedessen an sichere, berechenbare Lösungen oder entscheiden sich einfach blindlings für Standardformate, die noch in die Anfänge der Elektrifizierung datieren. Das vorliegende Buch zielt darauf ab, fachspezifische Termini zu entmystifizieren und darüber hinaus vielfältige Anregungen und praktische Anleitungen für eine neue Lichtqualität im Raum zu bieten.

Einführung

Wohnen mit Licht

Die Qualität des uns umgebenden Lichts hat tiefgreifende, nicht zu unterschätzende Auswirkungen auf unser Wohlbefinden. Licht definiert den Raum, unterstreicht seine Farbgebung und enthüllt die Komplexität der Strukturen – Licht macht unsere Umgebung sichtbar. Gleichzeitig schafft es Atmosphäre. Licht ist der geheimnisvolle, nahezu unsichtbare › Faktor x ‹ bei der Gestaltung von Räumen.

Eine erfolgreiche Beleuchtungsplanung setzt voraus, daß die Wirkung der verschiedenen Leuchtmittel bekannt und der Planer mit der enormen Palette der Beleuchtungskörper und deren Möglichkeiten vertraut ist. Diese technische Seite des Themas ist nicht schwer zu meistern, sofern Sie über eine konkrete Vorstellung der gewünschten Beleuchtungsart und eine gute fachliche Beratung verfügen.

Es gilt, ein Verständnis dafür zu entwickeln, welchen Einfluß Licht auf unseren Alltag nimmt. Bei der Raumgestaltung mit Licht geht es weniger um die Wahl einer hübschen Tischleuchte, als darum, daß wir lernen müssen, wie Licht nicht nur indirekt unser Wohlbefinden beeinflußt, sondern tatsächlich ganz aktiv Freude und Vergnügen schenkt.

Wenn wir Licht in diesem fast abstrakten Sinne betrachten, müssen wir zunächst genau analysieren, wie und warum wir überhaupt auf verschiedene Lichtqualitäten reagieren. Dazu sind Überlegungen zum Stil, der Funktion und Effizienz des Lichts vorübergehend außer acht zu lassen, und statt dessen jene – weniger greifbaren – Gefühle in Augenschein zu nehmen, die unterschiedliche Lichtquellen in uns erzeugen. Wir beginnen mit dem natürlichen Licht, den Rhythmen und Formen des Tageslichts, auf das wir als Menschen von Natur aus eingestellt sind.

Licht ist das Medium, mit dessen Hilfe wir sehen; gleichzeitig beeinflußt es aber auch unsere Gefühle. Unabhängig davon, ob es sich um natürliches oder künstliches Licht handelt, seine Qualität hat erhebliche Auswirkungen auf unsere Stimmung. Licht kann uns anregen oder depressiv machen, es kann uns aufregen oder beruhigen, einschüchtern, warnen oder Sicherheit bieten. Bevor wir näher auf die verschiedenen Beleuchtungskörper, Leuchtmittel und Gestaltungsmöglichkeiten eingehen, werfen wir einen Blick auf die verschiedenen Wirkungen natürlichen und künstlichen Lichts.

Der Wohlfühl-Faktor

Der Mensch ist ein außerordentlich lichtempfindliches Wesen. Im Unterschied zu zahlreichen Tieren, bei denen genaues Hören und Riechen eine größere Rolle spielt, zählt beim Menschen das Sehen zu den wichtigsten Sinneswahrnehmungen; durch das Auge können wir kleinste Farbabstufungen, Form- und Bewegungsänderungen erkennen. Licht ist das Medium, über das uns diese wertvollen Unterscheidungen vermittelt werden.

Natürliches Licht dient als Maßstab für alle künstlichen Alternativen. Instinktiv erfreuen wir uns an der Vielfalt des Tageslichts, das je nach Jahreszeit, Breitengrad oder Uhrzeit wechselt. Das durchbrochene Licht eines schattigen Sommergartens, die leuchtende Helligkeit eines wolkenlosen Mittelmeerhimmels, das satte Farbspiel der Abenddämmerung, der perlmuttartige Glanz des herannahenden Morgens – all diese Momente haben ihre eigene Stimmungsqualität. Denken Sie an einen Spaziergang im Wald, wo sonnenbeschienene Lichtungen im Wechsel mit schattigem Dunkel stehen und Lichtsäulen den blättrigen Baldachin durchbrechen, erinnern Sie sich an einen Urlaub am Meer, wo das Licht auf der Wasseroberfläche tanzt, oder an einen Ausflug ins Gelände, wenn Wolkenfetzen am Himmel dahinjagen und bewegte Schattenmuster auf die Erde zeichnen.

Natürliches Licht vermag aber auch aufzuzeigen, wie langweilig und ungemütlich Gleichförmigkeit sein kann. Unter einem grau verhangenen Himmel in nördlicheren Breitengraden zeichnen sich Schatten weniger scharf ab, Formen sind diffuser und Farben weniger leuchtend. Das Leben scheint weniger aufregend und insgesamt härter. Andererseits zeigt sich das grelle Licht der Wüstensonne unerbittlich und kompromißlos.

***Oben:** Schräg durch Jalousien einfallendes Licht wirft stimmungsvolle Schatten. Künstliches Licht sollte eine ähnliche Vielfalt an Strukturen erzeugen.*

***Links:** Durch das verglaste Dach kann Tageslicht einfließen. Nachts bieten wandmontierte, mit Lichtblenden ausgestattete Fluter eine breite Lichtstreuung.*

oder die atemberaubende Magie eines Feuerwerks, das in den Nachthimmel explodiert. Diese Lichtquellen sind nicht bloß Tageslichtersatz; sie haben ihre eigene theatralische, feierliche und lebensfrohe Vitalität.

Künstliches Licht kann jedoch auch negativ eingesetzt werden. Der blinde Terror von Räumen, in denen man Menschen zu Aussagen zwingt, wird symbolisiert durch eine nackt von der Decke starrende Glühlampe. Die Langeweile von Wartezimmern reflektiert sich in einer bedrückenden Beleuchtung von oben, während die Neutralität eines Krankenhauskorridors in kalten Stablampen ihren symbolischen Ausdruck findet.

Das Wissen um die Beziehungen zwischen natürlichem und künstlichem Licht ist wichtig für eine gute Beleuchtungsplanung. Wenn Räume aus unerfindlichen Gründen ungemütlich oder ohne besondere Atmosphäre scheinen, so läßt sich dies häufig auf eine falsche Beleuchtung zurückführen. Eine unverdeckt in der Hängeleuchte über dem Eßtisch blendende Glühbirne erinnert an unangenehme Befragungen oder gleißende Mittagssonne; das dumpfe Licht der zentralen Leuchte an der Decke des Wohnzimmers spiegelt die Monotonie eines Wartezimmers oder die Langeweile eines grauen Tages, und die flackernde Leuchtstofflampe in der Küche läßt an die Sterilität eines Labors denken.

Unsere Erfahrung mit Licht beschränkt sich nicht auf die natürliche Welt. Elektrisches Licht ist zwar kaum mehr als ein Jahrhundert alt, doch lebt der Mensch bereits seit jenen Tagen, in denen am Höhleneingang angezündete Feuer die Dunkelheit und herumstreunende Tiere vertrieben, mit künstlichem Licht. Viele künstliche Lichtquellen haben ihren ganz eigenen Reiz, der nicht hinter natürlichem Licht zurückstehen muß. Künstliches Licht kann auf vielfältigste Weise die Stimmung eines bestimmten Augenblicks unterstreichen – denken wir nur an das gemütliche Flackern eines offenen Feuers an kalten Wintertagen, die warme Intimität eines Abendessens bei Kerzenlicht, den festlichen Charme kleiner Leuchtbirnchen oder Laternen in den Bäumen eines Innenhofes

Oben: Kerzenlicht ist lebendig, warm und einladend; es schmeichelt dem Teint und schafft sofort Atmosphäre. Die reich verzierten, antiken Kerzenhalter bilden einen Glanzpunkt der gedeckten Tafel.

Rechts: Kugelförmige, handgeschmiedete Laterne aus dem 19. Jh. über einem flachen Tisch in einem Wintergarten.

Ganz rechts: Wandmontierte Schirmleuchten bieten eine sanfte Hintergrundbeleuchtung für das stilvolle Ambiente, ohne den warmen Glanz des offenen Kamins zu erdrücken.

Oben: Ein verglaster Durchgang bringt Licht ins Zentrum des Hauses und verwischt die Grenzen zwischen innen und außen.

In einer schlecht beleuchteten Umgebung fühlen wir uns oft nicht wohl. Eine angenehme Beleuchtung läßt uns dagegen Innenräume deutlicher wahrnehmen. Der Raum wird im Detail lebendig und zeigt Farbe, Struktur und Form.

Häufig wird künstliches Licht dazu genutzt, adäquate Lichtquellen zu schaffen, wenn natürliches Licht nicht ausreicht. Eine gute Beleuchtung ist jedoch nicht nur dafür da, uns das natürliche Sonnen- und Tageslicht zu ersetzen. Sie sollte uns eine reiche visuelle Erlebniswelt bieten, die Subtilität und Vielfalt des natürlichen Lichts nachahmen.

Rechts: Als perfekte Ergänzung zum modernen Dekor unterstreichen funkelnde weiße Halogenleuchten die glatten, reflektierenden Flächen und vermitteln ein Gefühl von Weite.

Ein Beleuchtungsplan sollte immer vom natürlichen Licht ausgehen. Zwar sind wir nach Einbruch der Dunkelheit vollkommen auf künstliches Licht angewiesen, tagsüber werden künstliche und natürliche Lichtquellen jedoch auch parallel eingesetzt, etwa in den frühen Morgenstunden oder am späten Nachmittag, bei schlechtem Wetter oder konzentrierter Arbeit. Dann ergänzt die künstliche Beleuchtung das Tageslicht. Bevor künstliche Lichtquellen angebracht werden, ist jedoch zu prüfen, wie das natürliche Licht beschaffen ist und wie seine Qualität optimiert werden kann.

Natürliches Licht

›Bewohnbarer‹ Raum muß direktes Tageslicht erhalten, so sieht es der Gesetzgeber vor, d. h. jeder Raum muß über mindestens ein Fenster verfügen. Davon ausgenommen sind Küchen, Badezimmer und Abstellräume, die zwar ventiliert, aber nicht unbedingt mit Fenstern ausgestattet sein müssen. Leider gewährleistet eine solche Gesetzgebung nur, daß Tageslicht vorhanden ist, nicht aber in welcher Güte.

Bei der Planung eines Hauses sollte die Ausrichtung der Räume zur Sonne hin eine Schlüsselrolle spielen. Zwei identisch eingerichtete Räume, die sich zwar auf gleicher Ebene, aber auf den entgegengesetzten Seiten eines Hauses befinden, vermitteln je nach Tageslicht einen vollständig anderen Eindruck. Nach Nord bzw. Nordost gelegene Räume erscheinen immer kühler und dunkler als solche, die nach Süd bzw. Südwest ausgerichtet sind.

Nordlicht zeigt sich wesentlich kühler und weißer als das leichte Südlicht; zudem wirkt es viel flacher. Daher bevorzugen Künstler nach Norden gelegene Ateliers; im Vergleich zu den tiefen Goldtönen des Südlichts gewährleistet die Kühle des Nordlichts eine getreuere Farbwiedergabe, zeichnet keine klar definierten, sich verlängernden Schatten, sondern bietet gleichmäßige, diffuse Lichtwerte.

Was dem Künstler von Vorteil sein mag, erweist sich im Alltag möglicherweise als weniger wünschenswert. Der Mensch fühlt sich von sonnigen Orten angezogen, sucht visuelle und physische Wärme. Sonnendurchflutete Räume heißen willkommen und sind voller Leben, während nur von indirektem Licht erhellte Örtlichkeiten eher kalt und unfreundlich wirken.

Oben: Weiche Baumwollvorhänge filtern das durch die großzügige Fensterfläche eintretende Tageslicht und erzeugen einen schattierenden, diffusen Effekt.

Links: Eine Deckenaussparung bietet Raum für eine diskret versteckte Lichtquelle: Hier wurde ein 50-Watt-Strahler mit einer warmen Soffitenlampe kombiniert.

Zwar ist die Grundausrichtung eines Hauses im nachhinein nicht mehr zu verändern, doch kann man bei der Raumverteilung auf die Ausrichtung bestimmter Räume zur Sonnenseite hin achten. Sofern eine flexible Planung möglich ist, sollten sonnigere, nach Süden gerichtete Räume als Küche, Arbeits- oder Wohnzimmer genutzt werden, da man sich hier meist bei Tageslicht aufhält, während beispielsweise Schlafzimmer nicht unbedingt so ausgerichtet sein müssen, weil sie in der Regel bei künstlichem Licht genutzt werden.

Manchmal kann es angebracht sein, die Gestaltung eines Hauses völlig umzukrempeln. In einem durchschnittlichen Einfamilienhaus ist z. B. die Küche in der Regel im Erdgeschoß untergebracht. Ganz offenkundig wirken Räume in unteren Etagen jedoch dunkler, da die durch das Fenster einströmende Lichtmenge davon abhängt, wieviel offener Himmel zu sehen ist.
In unserer heutigen Zeit gewinnt die Küche wieder zunehmend an Bedeutung und wird zu einem Ort, an dem sich die Familie

Rechts: Räume mit auf zwei Seiten einfallendem Licht haben eine weit bessere Lichtqualität als solche, bei denen das Licht nur aus einer Richtung kommt; dort sind die Kontraste zwischen Hell und Dunkel oft zu stark.

Unten links: Mehr Licht als einfache, kleine Fenster bringen Türen mit Glaseinsatz.

Mitte und unten rechts: Oberlichter oder Dachfenster vergrößern Räume, indem sie den Blick auf den Himmel freigeben.

während und außerhalb der Mahlzeiten trifft. Indem wir die Küche nun um ein oder zwei Etagen nach oben verlegen, so daß sie mehr natürliches Licht erhält, läßt sich hier erstens besser arbeiten, und gleichzeitg verbessern wir auch unser Raumerlebnis.

Oben: Ein langer, oben an der Wand eingelassener Fensterspalt bietet überraschende Ausblicke vom Treppenabsatz und bringt zusätzliches Licht in einen potentiell dunklen Bereich.

Die Menge und Qualität des hereinfallenden Lichts ist abhängig von der Größe und Anzahl der vorhandenen Fenster. Mit zunehmendem Fortschritt in Architektur und Glastechnik konnten in den letzten Jahrzehnten immer größere Fenster gebaut werden. Während sich unsere Vorfahren noch mit winzigen, mattglasgefüllten Flügelfenstern begnügten, konstruieren wir heute ganze Häuser aus Glas. Meist liegt die Realität jedoch irgendwo dazwischen.

Eine Möglichkeit, mehr Licht in Räume zu bringen, bietet sich durch das Vergrößern bereits vorhandener Fensterflächen. Am leichtesten lassen sich Fenster vergrößern, indem man sie nach unten verlängert, d. h. die Fensterbank sowie das darunter liegende Mauerwerk herausnimmt. Als Aufwand entsteht nur etwas Maurerarbeit, struktureller Veränderungen bedarf es nicht.

Komplizierter gestaltet sich die Sache, wenn das Fenster in der Breite vergrößert werden soll oder man beispielsweise ein Schiebefenster in eine Balkontür umwandeln möchte. Dann muß ein Trägerbalken über der neuen Öffnung eingezogen werden. Dies gilt auch für Fensteröffnungen in Wänden, in die zuvor noch kein Fenster integriert war.

Das Setzen neuer Fenster ist natürlich aufwendiger. Aber Räume, die nur durch ein einziges Fenster Licht erhalten, werden immer extreme Hell-Dunkelzonen vorweisen, mit sehr hellen Bereichen in unmittelbarer Fensternähe und relativ dunklen, düsteren Zonen auf der gegenüberliegenden Seite. Als Lösung bietet sich an, eine neue Fensteröffnung in eine feste Außenwand zu brechen, so daß der Raum von zwei Seiten Licht erhält. Dadurch wird nicht nur mehr Licht zugeführt, sondern die Qualität des Lichtes selbst verändert: Die starken Kontraste werden gemindert, und der Raum wirkt durch das ständig wechselnde Tageslicht lebendiger.

Das Anbringen von Dachfenstern oder Oberlichtern stellt eine weitere Möglichkeit dar, Licht in düstere, schlecht ausgeleuchtete Ecken zu bringen. Oberlichter lassen nicht nur mehr Tageslicht herein, sie schaffen gleichzeitig auch ein Gefühl von Großzügigkeit und Weite, indem sie den Raum nach oben erweitern.

Natürliches Licht muß bei der Möblierung und Ausgestaltung eines Raumes beachtet werden. Helle Wände reflektieren das verfügbare Licht und verteilen es im Raum, während dunklere, farbigere Flächen Licht absorbieren und ein stärkeres Gefühl von Abgeschlossenheit vermitteln.

Wände sind nicht nur als Fläche in die Planung einzubeziehen. Weiße Decken reflektieren natürliches und künstliches Licht; weiße Fußböden verstärken diesen Effekt noch um ein Vielfaches. Warme Gelb- und Cremetöne nehmen dem Nordlicht die Kühle, während kühlere Blau- und Grüntöne in direktem Sonnenlicht strahlende Leuchtkraft entwickeln. Auch die Struktur von Flächen ist von großer Bedeutung. Matte Oberflächen reflektieren weniger Licht als glatte Metall-, Glas- oder Glanzlackflächen.

Die Art und Weise, wie wir natürliches Licht wahrnehmen, ist auch abhängig von der Gestaltung der Fensterflächen. Gardinen und Vorhänge, die nicht über die gesamte Fensterfläche, sondern nur am Rand angebracht sind, lassen viel Licht in den Raum. Sollen Einblicke verwehrt und die Privatsphäre geschützt werden, so bieten sich Rollos an, die das Licht sanft streuen. Halb transparente farbige Materialien geben dem Tageslicht eine milde Tönung. Fensterläden aus Holz, Jalousien, Vorhänge aus Musselin oder Spitze filtern das einströmende Licht auf unterschiedliche Weise und schaffen geheimnisvolle Muster, die sich mit dem Stand der Sonne verändern.

Oben: Glasbausteine bilden stabile Trennwände oder Raumteiler; sie geben den Blick frei und lassen zudem Licht von einem Raum in den anderen.

Es ist jedoch nicht immer möglich, alle Innenbereiche mit direktem Tageslicht zu versehen. In einem solchen Fall läßt sich Licht von anderen, besser beleuchteten Räumen ›borgen‹ und durch einfache architektonische Lösungen weiterführen.

Offene oder verglaste Innenfenster bringen Licht von sonnigen in dunklere Räume. Ein ähnlicher Effekt läßt sich durch den Einbau von Glas in kompakte Türen erzielen: Türoberlichter oder Fenster über Eingängen sind Beispiele für eine solche Lösung. Feste Wände, die eine Treppe oder einen fensterlosen Innenraum umgeben, können aus lichtdurchlässigem Material – wie beispielsweise Glasbausteine – gestaltet werden. Ebenso kann die Lichtwirkung erheblich gesteigert werden, indem man einen großen Spiegel anbringt, in dem sich ein Fenster reflektiert.

Rechts: Eine japanische Trennwand hält nur wenig Licht ab und bietet viel Privatsphäre. Die von außen erkennbaren, verschwommenen Konturen haben etwas Geheimnisvolles.

Links: Transparente Stoffe schützen vor unliebsamen Blicken und lassen genügend Licht herein. Das Material ist dünn genug, um die dekorativen Fenstersprossen durchscheinen zu lassen.

Rechts: Musselin, Spitze, Voile und andere feine Materialien mildern die Sonneneinstrahlung, ohne allzu viel Tageslicht zu schlucken.

Farbiges und geätztes Glas sind ebenfalls wichtige Elemente bei der Lichtplanung. Die filigrane Licht- und Schattenwirkung von Spitzenvorhängen, die geometrischen, abgeschrägten Licht- und Schattenstreifen halb heruntergelassener Jalousien auf Wänden und Fußböden oder die sanften Farbflecken eines durch farbiges Glas einströmenden Tageslichts, all dies setzt magische Lichteffekte.

Gestaltungselemente dieser Art optimieren natürliches Licht oder verändern seine Wirkung auf lebendige Weise. In wärmeren Klimazonen mit langen, heißen Sommern ist das natürliche Licht

Oben links und rechts: Lichtdurchlässige Glaspaneele streuen und filtern das Licht auf interessante Weise; einen ähnlichen Effekt erzeugt ein vor dem Fensterflügel angebrachtes, halbdurchlässiges Laminat.

Rechts: Einfache Baumwollrollos sind immer zeitgemäß; sie dämpfen das Licht im Schlafzimmer und im Wohnbereich, ohne den Räumen alles Licht zu entziehen.

in der Regel jedoch so stark, daß die Frage der Lichtkontrolle mehr in den Vordergrund tritt. In diesen Klimazonen sollen Innenräume Schatten spenden und vor der grellen Sonne und der starken Hitze schützen. Kleinere, in tiefe Mauerlaibungen eingelassene Fenster, Veranden und überdachte Vorbauten, Rolläden, Jalousien und Markisen sind traditionelle Mittel, die Innenräume zu kühlen und das direkte Sonnenlicht zu mildern.

Oben: Jalousien lassen sich unterschiedlich einstellen und bieten daher eine optimale Lichtkontrolle. Halb geöffnet schaffen sie interessante Licht- und Schattenmuster.

Oben rechts: Stabjalousien sind in verschiedenen Materialien und Farben erhältlich. Aus Aluminium zeigen sie harte Kanten, während sie aus Holz einen wärmeren Effekt haben.

Rechts: Küche und Eßzimmer sind durch eine Mattglaswand getrennt. Die Glaselemente, die sich einzeln bewegen lassen, sitzen in einem vorn nicht sichtbaren, rostfreien Stahlrahmen und scheinen zu schweben.

Ganz rechts: Eine verglaste Außenwand wird von sechs großen drehbaren, leicht gebogenen Birkenholzpaneelen abgeschirmt.

JEALOUS

Schon immer hat der Mensch sein Heim beleuchtet. Talglichter, Kerzen, Öl- und Gaslampen sind nur einige jener Vorrichtungen, mit denen er in den vergangenen Jahrhunderten die dunklen Stunden erhellte. Heute ist künstliches Licht nahezu immer gleichbedeutend mit elektrischem Licht. In etwas mehr als einem Jahrhundert haben wir uns so an die bequeme Helligkeit der elektrischen Beleuchtung gewöhnt, daß wir uns ein Leben ohne sie kaum noch vorstellen können. Trotzdem haben wir immer noch nicht gelernt, das künstliche Licht optimal einzusetzen.

Künstliches Licht

Der eigentliche Beginn des Elektrizitätszeitalters datiert ins Jahr 1879, als der berühmte amerikanische Erfinder Thomas Edison seine Glühbirne patentieren ließ. Edison war nicht der erste, der die Idee vom elektrischen Licht verfolgte; seine Glühbirne war auch nicht das erste Patent in dieser Richtung. Er ist jedoch dafür verantwortlich, daß diese revolutionäre Erfindung erfolgreich und praktisch umgesetzt wurde. In gewisser Weise hat Edison den Bedarf an Elektrizität geschaffen, indem er ein elektrisches Produkt entwickelte, das plötzlich jeder wollte.

Mit der Einführung der Elektrizität wurde das Leben im häuslichen Alltag bald viel einfacher und bequemer. Schnell ersetzte die Glühbirne andere Formen der künstlichen Beleuchtung, und zu Beginn des 20. Jahrhunderts war elektrisches Licht bereits fester Bestandteil in vielen Haushalten. Die zahlreichen Vorteile lagen auf der Hand: Elektrisches Licht war viel sicherer als das Verbrennen von tierischem Fett, Wachs, Öl oder Gas, es war leichter zu handhaben und funktionierte auf Knopfdruck. Vor allem aber war es sauber. Nahezu ein Jahrhundert später können wir uns nur noch schwer vorstellen, wieviel Schmutz die früheren Arten der künstlichen Beleuchtung (und Heizung) verursachten. Die permanent von Gasleuchten und Kerzen beschmutzten Wände und Decken mußten entweder so gestaltet werden, daß man den Schmutz nicht wahrnahm, oder man mußte sie dauernd neu streichen. Mit der elektrischen Beleuchtung kam zudem eine neue Qualität des Lichts, da Innenräume nun in helleren, strahlenderen Farben gestaltet werden konnten – und zum ersten Mal bestand jetzt auch die Hoffnung, daß sie so bleiben würden.

***Oben:** Lichtfilternde Vorhänge schaffen in Verbindung mit kleinen, künstlichen Lichteffekten eine weiche, angenehme Atmosphäre; das Tageslicht wird im alten Spiegel reflektiert.*

***Links:** Die auffallend geformte, moderne Tischleuchte schafft ein gutes Beleuchtungsniveau im Raum, indem sie einen breiten Bereich der Wand bis hin zur Decke ausleuchtet. Die kleine Tischleuchte fokussiert dagegen das Licht im Sitzbereich.*

In den frühen Tagen des elektrischen Lichts verfügten die Glühbirnen über eine relativ geringe Wattleistung. Gemessen am heutigen Standard leuchteten sie nur schwach, so daß man meist keinen Lampenschirm brauchte. Das erste, ganz mit elektrischem Licht ausgestattete Haus in New York war die Luxusvilla des Finanzmagnaten J. Pierpont Morgan, erbaut im Jahre 1883. Eine zeitgenössische Darstellung des Salons zeigt die unfreiwillige Komik des Kontrasts zwischen der prunkvoll üppigen Ausstattung des Raumes und den zahlreichen, einfach von der Decke hängenden Glühbirnen.

Trotz der relativ schwachen Wattleistung beklagten sich bald viele über den Blendeffekt der Glühbirnen. Heute gehen wir davon aus, daß wir zu jedem beliebigen Zeitpunkt sehen, was wir sehen wollen. Dabei vergessen wir leicht, daß die künstliche Beleuchtung früherer Jahrhunderte nur selten alles enthüllte. Aus vielen Romanen und Erzählungen des 19. Jahrhunderts wissen wir beispielsweise, daß es beim Betreten eines mit Kerzenlicht erhellten Raumes nicht immer möglich war, alle Anwesenden zu erkennen. Dieser Dunkelheit konnte das elektrische Licht zwar Abhilfe schaffen, an ihre Stelle trat jedoch eine nahezu schmerzhafte Helligkeit. Kritiker bemerkten, daß die Räume dadurch ›Privatsphäre und Würde‹ verloren. Ziemlich bald unternahm man die ersten Versuche, die Birnen mit farbiger Seide oder getöntem Glas zu umhüllen oder sie hinter Leisten zu verbergen, um den Blendeffekt zu mildern.

Technisch gesehen wurden seit jenen ersten Tagen zwar erhebliche Fortschritte auf dem Gebiet der Beleuchtung erzielt. Die möglichen Effekte werden vielerorts jedoch immer noch nicht

Ganz links: Tischleuchten zählen zu den Hauptelementen der klassischen Einrichtung; sie schaffen warme Lichtzonen an strategisch wichtigen Punkten.

Links: Symmetrie erweist sich als besonders nützlich bei der Beleuchtungsplanung. Diese wandmontierten Schirmleuchten können zudem verstellt werden.

Rechts: Um die besondere Raumqualität von Lofts und anderen überdimensionalen Innenräumen zu betonen, bedarf es eines drastischeren Umgangs mit Licht. Wandfluter bringen die strukturierte Oberfläche der Ziegelwand stärker hervor, während die Lichter im Zwischengeschoß die Höhe des Raumes ausleuchten.

besser genutzt. Viele Räume sind heutzutage zwar sehr hell, haben jedoch – paradoxerweise – zu wenige Lichtquellen. In der Konsequenz ergibt sich entweder ein hartes und unangenehm grelles Licht oder eine diffus gestreute Helligkeit, die jede Möglichkeit einer interessanteren Inszenierung ausschließt. Seit den Anfängen der Elektrifizierung scheint sich also, was die Nachteile der künstlichen Beleuchtung betrifft, noch nicht allzu viel geändert zu haben. Ein radikales Umdenken bei der Beleuchtung könnte jedoch ermöglichen, unsere Innenräume und die Wahrnehmung derselben drastisch, unmittelbar und kostengünstig zu verändern. Im folgenden werden die Grundregeln einer guten künstlichen Beleuchtung aufgezeigt.

Als eines der wichtigsten Prinzipien gilt die Vermeidung von grellem Licht. Grelles Licht ergibt sich aus einem zu großen Unterschied zwischen der Helligkeit der Lichtquelle und ihrer Umgebung. Es wird als unangenehm empfunden, da das Auge sich nicht an solche Extreme gewöhnen kann und ständig zwischen Hell und Dunkel schwankt; dies schafft ein Gefühl von Müdigkeit und Unbehagen. Unser Auge tendiert von Natur aus dazu, unterschiedliche Helligkeitsstufen zu ›korrigieren‹ bzw. ›auszugleichen‹. Grelles Licht birgt immer die Gefahr, die Augen über die Maßen zu belasten. Aus diesem Grunde ist es auch nicht gut, im Dunkeln auf einen hellen, flimmernden Bildschirm zu schauen oder in einem schlecht beleuchteten oder abgedunkelten Raum zu lesen. Und jeder kennt das fast schmerzhafte Gefühl, plötzlich von einem starken Scheinwerferlicht geblendet zu werden. Bestimmt weniger schmerzhaft, aber dennoch unangenehm ist das Licht in Räumen, die nur von einer einzigen, ungeschützten Lichtquelle erhellt werden.

Lichtquellen verbergen

Lichtplaner legen Wert darauf, daß man beim Betreten eines Raumes Licht, aber keine Lichtquellen sieht. Dies gilt zwar nicht in jedem Fall, kann aber doch zu einer der Grundregeln einer guten Beleuchtung erklärt werden: Eine blendend ins Auge fallende Lichtquelle ist zu hell und schafft ein unangenehmes, allzu grelles Licht.

Lichtquellen können auf unterschiedliche Weise im Verborgenen bleiben: Man kann z. B. die ganze Leuchte, also Halterung und Glühbirne, verstecken, nur die Glühlampe umhüllen oder das direkte Licht der Glühbirne reflektieren lassen.

Zu den komplett versteckten Lichtquellen zählen die hinter einer Blende oder einer Abdeckleiste in der Einbauküche verborgene Leuchtstoffröhre, die hinter einem Möbelstück oder einer großblättrigen Pflanze aufgestellte Stehleuchte oder die hinter Möbelblenden oder in Vitrinen integrierten Leuchten. Wenn wir eine Lichtquelle auf diese Weise verstecken, nehmen wir kein direktes Licht wahr, sondern nur eine sanfte Beleuchtung der umliegenden Flächen.

Lichtquellen lassen sich auch verbergen, indem man sie abschattet. Die chinesische Papierlampe ist in vielen Haushalten eine beliebte und kostengünstige Lösung, um das durchdringende Licht der bloßen Glühbirne in einen leuchtend diffusen Lichtkreis zu verwandeln. Lampenschirme aus Baumwolle, Pergament, Metall oder Glas erfüllen dieselbe Funktion.

Die Reflexion dient ebenfalls dazu, grelles Licht zu vermeiden. Am einfachsten ist es, eine normale Glühbirne gegen die kuppenverspiegelte Variante auszutauschen. Die metallisch glänzende Kuppe am unteren Ende der Birne wirft das Licht zurück auf den Lampenschirm. Viele Halogenleuchten besitzen integrierte Reflektoren, um den direkten Lichtschein zu mildern.

***Oben:** Mit einfachen Beleuchtungsideen erzielt man oft überraschende Effekte. Die Lichtquelle unter dem Glastisch verwandelt die Gegenstände auf dem Tisch in Skulpturen.*

***Links:** Indirektes Licht von einer Leuchtstoffröhre, die hinter einer Blende versteckt wurde, betont die Oberflächenstruktur des unpolierten Marmors im Badezimmer.*

***Rechts:** Warme Leuchtstoffröhren in einer in leuchtendem Blau gehaltenen Aussparung lassen den Kaminvorsprung zum attraktiven Blickfang werden.*

Wände und Decken beleuchten

Einen Raum ausleuchten heißt auch das Raumvolumen sichtbar machen. Die herkömmliche, an zentraler Stelle angebrachte Deckenleuchte, die ihr Licht nach unten wirft, wirkt der Raumqualität entgegen. Ihr Licht vermittelt den Eindruck, als würden die Wände den Raum erdrücken. Im Gegensatz dazu läßt Licht, das von Wand- oder Deckenflächen flutet, den Raum größer erscheinen. Beleuchtete Flächen wirken wie riesige Reflektoren. Meist ist die Lichtquelle (vorrangig Wand- und Deckenfluter) verdeckt, die Beleuchtung erfolgt durch Reflexion oder Verteilung des Lichts auf den Oberflächen. In der Regel erzielt man damit ein gutes Umgebungslicht und eine ruhige, erholsame Atmosphäre.

Die in die Decke eingelassenen Strahler überfluten die Wand mit ihrem Licht; kommt das Licht der wandmontierten 300-Watt-Halogenleuchten dazu, entsteht ein Gefühl von Lebendigkeit.

Links: Serge Mouilles wandmontierte Leuchte ›Tripod‹ aus den 50er Jahren setzt einen lebendigen Akzent im modernen Ambiente.

Die Anzahl der Lichtquellen erhöhen

Viele schlecht beleuchtete Räume haben einfach zu wenig Lichtquellen. Oft bringt man nicht mehr Leuchten an, weil man davon ausgeht, daß der Raum bereits ›hell genug‹ ist und die allgemeine Raumhelligkeit durch mehr Lichtquellen unnötigerweise erhöht würde. Mehr Lichtquellen im Raum heißt jedoch auch, daß die einzelne Leuchte nicht so hell zu sein braucht. Die Raumhelligkeit selbst kann unverändert bleiben.

Installationen, bei denen ein oder zwei Leuchten durch mehrere ersetzt werden, bieten einerseits einen ästhetischen Vorteil: Wenn die einzelnen Leuchten nicht so hell sind, besteht weniger Gefahr, daß sie blenden, da der Kontrast zwischen Licht und Umgebung geringer ausfällt. Andererseits sind bei nur ein oder zwei zu hellen Leuchten unangenehme Hell-Dunkel-Extreme kaum vermeidbar.

Es gibt jedoch auch einen praktischen Vorteil. Bringt man mehrere Leuchten in einem Raum an, kann Licht immer genau an den Ort – Stuhl, Bett, Tisch, Arbeitsplatte etc. – gelangen, wo es benötigt wird. Eine einzige Lichtquelle mag zwar den Raum ausreichend beleuchten, sie wird jedoch nie flexibel für bestimmte Arbeiten einsetzbar sein.

***Links und oben:** Offene Wohnflächen benötigen sorgfältig ausgearbeitete Lichtpläne, um nicht kalt oder einschüchternd zu wirken. In diesen ineinandergreifenden Räumen scheint das Licht aus allen Richtungen zu kommen; hier wurden sowohl Wand- als auch Pendelleuchten und Deckenstrahler eingesetzt.*

Licht- und Schattenzonen schaffen

Diesem Konzept liegt der Gedanke zugrunde, Licht so im Raum einzusetzen, daß sich überlappende Licht- und Schattenzonen bilden.

Licht ist immer in Verbindung mit Schatten zu sehen. In der Tat ist es eher der Schatten, der uns Form und Struktur von Objekten erkennen läßt. Dies ist leicht nachvollziehbar, wenn man sieht, wie die Konturen eines frontal beleuchteten Objekts verflachen, während dasselbe Objekt – von der Seite beleuchtet – Schattenzonen aufweist, die seine Form enthüllen und abgrenzen. Ebenso verwischt frontales Licht auf einer strukturierten Fläche die Strukturen, während Licht, das von der Seite kommt, Schatten wirft und damit die Höhen und Tiefen betont.

***Oben:** Richtig eingesetztes Licht unterstreicht architektonische Details. Hier läßt eine helle Tischleuchte die Linien der freitragenden Treppe scharf hervortreten.*

***Rechts:** Licht ist von seinem Wesen her einladend, so verlockt das sanfte Licht dieser höhenverstellbaren Stehleuchte zum Lesen oder Entspannen.*

Licht- und Schattenzonen schaffen Atmosphäre, Lebendigkeit und eine bestimmte sinnliche Qualität im Raum. Der Mensch fühlt sich automatisch zum Licht hingezogen. Wenn wir also die Leuchten in einem Zimmer so anbringen, daß unterschiedliche Brennpunkte entstehen, schaffen wir damit Bewegung. Gleichzeitig können wir einladende Nischen gestalten, in denen sich Menschen gerne zusammenfinden. In den Schattenbereichen enthüllen sich Struktur und Form von Flächen und Gegenständen.

Diffuses Licht von oben durch eine Pendelleuchte schafft dagegen eine kalte Atmosphäre, da das Licht flach und gleichmäßig verteilt wird. Eine Beleuchtung, die interessante Schattenmuster wirft, macht Oberflächen und Materialien lebendig und greifbar.

***Oben:* Das von der Seite einfallende Licht betont die Konturen des Objekts und wirft dekorative Schatten an die Wand.**

Flexibilität einbauen

Licht, das sich bewegen, drehen oder dimmen läßt, bietet mehr kreative Möglichkeiten als fest installierte Arrangements. Indem man bei der Planung darauf achtet, daß die Wirkung der einzelnen Leuchten im Raum veränderbar bleibt, vermag man die Beleuchtung auch noch im nachhinein an die jeweilige Situation und veränderte Bedürfnisse anzupassen.

Unser Lichtbedarf wechselt täglich. Abblendbare Leuchten bieten z. B. die Möglichkeit, die Atmosphäre oder Stimmung eines Raumes zu ändern, schwenkbare oder drehbare Beleuchtungskörper erlauben uns, Tätigkeiten an den Orten auszuführen, wo es notwendig ist.

***Rechts:** Kostengünstige, verstellbare Loft-Leuchten, die leicht mittels Klemme anzubringen sind, setzen Akzente oder bringen Arbeitslicht dorthin, wo es gerade erforderlich ist.*

***Unten:** Winzige Halogenstrahler setzen ein Gemälde in Szene. Da sie sich beliebig ausrichten lassen, sind sie flexibler einsetzbar als fest installierte Bildleuchten.*

Farbgebung und Struktur berücksichtigen

Die Beleuchtung eines Raumes sollte immer im Zusammenhang mit den darin verwendeten Farben und Materialien gesehen werden. Verschiedene Lichtquellen lassen uns Farben und Strukturen unterschiedlich wahrnehmen. Die Glühlampe – sie kommt im Wohnalltag am häufigsten zum Einsatz – strahlt ein warmes, gelbliches Licht aus, während Halogenlampen ein kühleres, weißeres Licht abgeben, das die Farben >echter< wiedergibt.

Auch Strukturen werden von der Art der Lichtquelle beeinflußt. Glühbirnen aus Mattglas streuen das Licht und werfen sanftere, weniger konturierte Schatten als klare Birnen. Kleinere Kolben erzeugen schärfere Schatten als größere, da die Lichtquelle weniger diffus ist.

Niedervolt-Halogenstrahler und versteckte Leuchtstoffröhren betonen den klaren, modernen Stil der Einrichtung und unterstreichen die plastischen Flächen der Wände und Raumteiler.

Gegenüberliegende Seite: Der warme Schein der Wolframglühlampe schafft eine gemütliche Atmosphäre; er ist die perfekte Ergänzung zum traditionellen Interieur.

Licht als Dekoration

Licht und Lichteffekte erfreuen unser Auge. Daher ist bei der Beleuchtungsplanung auch dem rein dekorativen Aspekt Rechnung zu tragen, d. h. es sollten Elemente mit eingeplant werden, die zwar nicht unbedingt einen praktischen Nutzen haben, aber interessant und schön anzusehen sind.

***Links:** Leuchten mit schimmernden Farbfäden aus Fiberglas verleihen dem Licht einen theatralischen Effekt. In Wohnräumen wird die Fiberoptik jedoch bisher wenig eingesetzt.*

***Oben, von links nach rechts:** Ungewöhnliche Lampen setzen dekorative Akzente, wie diese organisch geformten, an Iglus bzw. Steine erinnernde Formen. Das Blatt aus Blech wird durch eine getönte Leuchtstoffröhre von hinten angestrahlt.*

Viele Leuchten, die in diese Kategorie fallen, verbreiten an sich nicht sehr viel Helligkeit, sind jedoch wunderschön anzusehen. Es gibt sie in den vielfältigsten Formen und Farben – witzig, bunt, funkelnd oder skulpturenhaft; sie lassen uns Beleuchtung als Kunst erleben. Ihr Licht wird nicht benötigt, uns etwas erkennen zu lassen, ihre magische Ausstrahlung bringt jedoch den Zauber von Überraschung und Geheimnis in unser Zuhause und erhöht unsere Freude am Raum. Lämpchen mit Schirmen aus Glasperlen vermitteln den Reiz farbiger Edelsteine, organische Formen von Leuchten verwandeln Licht geradezu in Skulpturen.

Sich bewegendes Licht wie die flackernden, tanzenden Flammen des Feuers oder das Kerzenlicht wirkt ähnlich beschwörend. Trotz der heute vielfältigen Formen verfügt elektrisches Licht jedoch nicht über dieses verführerische Element der Bewegung. Zudem haben offene Lichtquellen den Vorteil, daß sie sofort Wärme, Intimität und Geborgenheit vermitteln.

Lichtquellen

Der Weg zur richtigen Beleuchtung kann mit Stolpersteinen gepflastert sein. Fachgeschäfte, Galerien und Kaufhäuser bieten eine verwirrende Vielfalt an Leuchten. Angesichts der reichen Produktpalette ist es leicht, sich allein vom Aussehen einer Leuchte verführen zu lassen. Die Vielfalt der angebotenen Leuchtmittel macht die Sache auch nicht einfacher. Wolfram oder Halogen? Klarglas, Mattglas oder kuppenverspiegelt? Welches Produkt bringt den gewünschten Effekt?

Grundsätzlich ist nichts dagegen einzuwenden, Leuchten einfach nach ihrer äußeren Form zu wählen. Allerdings sollten sie auch ihrer Funktion am jeweils dafür vorgesehenen Ort gerecht werden. Eine Leuchte ist nicht nur ein Gestaltungselement – ob nun klassisch oder modern, diskret oder extravagant –, primär ist sie dafür da, die Richtung und die Streuung des Lichtes zu steuern. Je nach Design kann sie Licht verteilen, reflektieren oder konzentrieren, und dies mit sehr unter-

schiedlicher Wirkung. Zuallererst sollte man beim Kauf einer Leuchte bedenken, daß man eigentlich Licht kauft und keinen Beleuchtungskörper.

Um die richtige Wahl zu treffen, muß man nicht unbedingt die komplexen Berechnungen professioneller Lichtplaner nachvollziehen können oder sich im Branchenjargon auskennen. Die durchschnittliche Beleuchtungsausstattung erfordert in der Regel keine detaillierten Abmessungen oder Luxwerte, und die meisten Händler wären wahrscheinlich sehr erstaunt, würde man sie nach der Palette ihrer Glühbirnen fragen. Dennoch sind gewisse Kenntnisse in bezug auf die verschiedenen Leuchtmittel und gängigen Kategorien der Leuchten eine wichtige Voraussetzung, um eine fachmännische Wahl zu treffen. Im Rahmen dieses Kapitels wird die enorme Vielfalt der gegenwärtig auf dem Markt angebotenen Produkte beschrieben.

Bevor wir uns für eine Leuchte entscheiden, sollten wir zunächst einen Blick auf die Lichtquelle selbst werfen. Sie verbreitet das Licht, ist sein Ursprung. Die Sonne ist beispielsweise eine natürliche Lichtquelle, die Flammen eines Feuers oder einer Kerze sind künstliche Lichtquellen. In der heutigen Zeit werden vorrangig Wolframglühlampen oder Glühbirnen, wie sie allgemein heißen, als künstliche Lichtquellen (Leuchtmittel) eingesetzt. In den letzten zehn Jahren kam die Halogenlampe hinzu, ebenso wurde die Leuchtstoffröhre verbessert und für die Gestaltung von Wohnräumen attraktiver gemacht.

Leuchtmittel

In der Regel werden im Haushalt entweder Glüh- oder Leuchtstofflampen eingesetzt. Das Prinzip der Glühlampen basiert darauf, daß Strom durch einen Glühfaden geleitet wird, diesen erhitzt und damit zum Glühen bringt. Im Falle von Leuchtstofflampen läuft Strom durch eine mit Gas gefüllte Röhre und veranlaßt das Gas, unsichtbare Strahlung abzugeben; diese reagiert mit einer Phosphorbeschichtung in der Röhre und verursacht ein Leuchten. Zu den Glühlampen zählen die allseits verbreitete Glühbirne (Wolframglühlampe), die Hochvolt-Halogenlampe (für Netzspannung) und die Niedervolt-Halogenlampe.

Wirtschaftlicher und energiesparender als Glühbirnen und Halogenlampen sind Leuchtstofflampen, die als Standardformat, kompakt oder in Kleinformaten erhältlich sind. In der Regel haben Leuchtstofflampen eine längere Lebensdauer. Letztere mißt sich jedoch auch daran, wie oft die Lampe zum Einsatz kommt. Häufiges An- und Ausschalten verkürzt die Lebensdauer erheblich. Bei bestimmten Lampen ist es auch wichtig, wo sie positioniert sind.

Glühlampen bringen volle Leistung, bis sie ausgebrannt sind; Leuchtstofflampen hingegen werden mit der Zeit immer schwächer und zeigen einen kontinuierlichen Helligkeitsschwund. Die Lebensdauer einiger Leuchtmittel läßt sich übrigens durch einen Dimmer erheblich verlängern.

Beide Leuchtmittelarten werden mit Strom gespeist, erzeugen jedoch auf unterschiedliche Weise Licht. Jedes Modell hat seine Vor- und Nachteile und wirkt sich anders auf Farben aus. (Nähere Erläuterungen zu Licht und Farbe siehe Seiten 168–171.)

***Oben:* Neben den gängigen Glühbirnenmodellen werden Glühlampen auch in Röhren- bzw. Stabform gefertigt. Diese Badbeleuchtung besteht aus 500-mm-Wolframröhren, die zu einer linearen Einheit zusammengesetzt wurden.**

***Links:* Das goldene Licht der Glühlampe ist dem Auge zwar vertraut und angenehm, erweist sich jedoch als nicht besonders energieeffizient.**

Wolfram

Das älteste und im Haushalt immer noch gebräuchlichste Leuchtmittel ist die Wolframglühlampe oder Glühbirne. Seit ihrer Erfindung vor über einhundert Jahren wurde an ihrer grundlegenden Form nur wenig verändert. Ein Leuchtdraht bzw. eine Glühwendel steckt in einem dünnen, mit einem Vakuum oder Edelgasgemisch gefüllten Glaskolben. (Die ersten Glühbirnen waren mit einem Kohlefaden ausgestattet; im Jahre 1907 wurde dieser dann durch einen Leuchtdraht aus Wolfram, der einen höheren Schmelzpunkt hat und mehr Licht abgibt, ersetzt). Der Strom wird durch die Glühwendel geleitet, diese heizt sich auf, bis sie weiß glüht. Mit der Zeit verdampft das Metall, schwärzt dabei den Kolben mit seinem Niederschlag und schwächt die Wendel immer mehr, bis sie keinen Strom mehr leiten kann. Dies ist der Punkt, an dem die Leuchte › ausbrennt ‹ .

Glühbirnen bieten viele Vorteile, nicht zuletzt den, daß wir an sie gewöhnt sind. In jedem Supermarkt um die Ecke erhältlich, zählen sie heute zum normalen Vorrat eines Haushalts. Der lange Gebrauch dieses Leuchtmittels hat es uns so vertraut gemacht, daß wir sein Licht als ›normales‹ Wohnlicht betrachten. Die Glühbirne ist billig, leicht verfügbar, problemlos in der Anwendung, warm im Farbton – es spricht vieles für sie –, wohingegen ihre Nachteile nicht unbedingt auf den ersten Blick ersichtlich werden.

Ästhetisches Merkmal der Wolframlampe ist ihr warmes Licht (siehe auch ›Licht und Farben‹ Seiten 168–171); es bewegt sich in der Regel im gelben bis roten Bereich des Spektrums. Die Farbtemperatur liegt bei ca. 2.900 Kelvin. Dies gibt dem Licht einen warmen, dem Kerzenlicht vergleichbaren Schimmer. Glühbirnen haben keine unangenehmen ›Spitzen‹ in ihrem Spektrum

***Oben links:** Das warme Licht von Glühbirnen ist vor allem neben dem Bett willkommen. Die wandmontierten, verstellbaren Leuchten aus glänzendem Messing verfügen über eine Sparschaltung für verschiedene Helligkeitsgrade.*

***Oben Mitte:** Diese Wandleuchten sind hinten mit Spiegeln ausgestattet, die den Lichteffekt vervielfältigen.*

***Oben rechts:** In die Decke über dem Bücherregal eingelassene Tiefstrahler setzen starke Akzente.*

***Rechts:** Stehlampe in Form eines klassischen Kerzenleuchters.*

***Oben:** Die schwenkbare Leseleuchte im Sitzbereich und der hinter einer großen Grünpflanze versteckte Deckenfluter bieten eine stimmungsvolle Hintergrundbeleuchtung.*

***Oben rechts:** Schlichte Wandleuchten bilden einen seitlichen Rahmen zum Schrank und bringen die Sammlung dekorativer Wandteller vorteilhaft zur Geltung.*

und eignen sich daher gut zur Farbwiedergabe. Ihr Licht ist schmeichelnd und schafft ein stimmungsvolles Ambiente, insbesondere bei niedrigeren Wattzahlen. Glühbirnen sind die perfekte Ergänzung für eine warme, stilvolle Inneneinrichtung.

Ihr praktischer Vorteil liegt in der einfachen Handhabung. Es braucht keine besonderen Schaltmechanismen; Wolframlampen müssen nur an die Stromleitung angeschlossen werden. Im Gegensatz zu anderen Leuchtmitteln, die eine Anwärmphase benötigen, bevor sie volle Leuchtkraft erreichen, liefert die Glühbirne sofort beim Einschalten volle Leistung. Sie läßt sich leicht dimmen, enthält keine toxischen Stoffe (und ist damit problemlos zu entsorgen), ist kostengünstig in der Anschaffung und der Herstellung.

***Rechts:** Der sich nach unten verbreiternde Schirm dieser Tischleuchte verteilt großzügig Licht auf den Schreibtisch. Mit Hilfe des Schwenkarms kann das Licht an die jeweils benötigte Stelle geführt werden.*

Oben und oben rechts: Glühbirnen eignen sich am besten als Leuchtmittel für Tischleuchten. Symmetrische Arrangements unterstreichen die klassische Innenausstattung.

Glühbirnen sind heutzutage in vielen Formen, Größen, Wattzahlen und Typen erhältlich, von der winzigen Kerze bis zum Spotlight, von PAR-Reflektorlampen (verspiegelte Parabolkolben) bis zu kuppenverspiegelten Birnen und Stablampen. Der Kolben selbst kann aus Klarglas, Mattglas oder getöntem Glas gefertigt sein. Die Leistung reicht von 15 bis 200 Watt.

Wolframlampen sind jedoch auch mit erheblichen Nachteilen behaftet. Was die Umwandlung von Energie in Licht angeht, sind sie am unteren Ende der Skala zu finden, da sie einen Großteil der zugeführten Energie (über 90%) in Wärme umwandeln. Glühbirnen dürfen deshalb auch nicht zu nahe an brennbaren Materialien wie Papier, Stoff, Holz oder Plastik eingesetzt werden. Da die Glaskolben in der Regel sehr dünn sind, ist ihr Gebrauch im Freien problematisch; plötzliche Temperaturschwankungen könnten das Glas springen lassen (davon ausgenommen ist die aus stabilem Preßglas gefertigte PAR-Reflektorlampe).

Im Vergleich mit anderen Leuchtmitteln haben Glühbirnen die kürzeste Lebensdauer. Sie beträgt nur knappe 1.000 Stunden. (Auch hier bilden die PAR-Reflektorlampen mit einer doppelt so langen Lebensdauer die Ausnahme.) Somit scheinen Glühlampen doch nicht so kostengünstig zu sein. Aber mittlerweile sind auch robustere, langlebigere Birnen im Handel. Der Fachhandel führt sogar Kolben, die in puncto Lebensdauer das Sechzehnfache einer normalen Wolframbirne leisten. Sie sind mit stärkeren Wendeln ausgestattet und enthalten ein spezielles Gasgemisch, das das Einschwärzen des Glaskolbens verhindert. Bezahlt werden diese Vorteile jedoch mit einem höheren Preis und weniger Licht.

Unten: Küchenlicht muß nicht immer funkelnd weiß leuchten. Versteckt angebrachte Glühbirnen tauchen die Arbeitsfläche in ein warmes, goldenes Licht.

Halogen

Die Hochvolt-Halogenglühlampe oder schlicht Halogenlampe ist ein relativer Newcomer im Bereich der Wohnraumbeleuchtung. Wie der Name bereits vermuten läßt, wurde ihr als zusätzliche Komponente Halogen beigemischt. Das Halogen interagiert mit den während des Betriebs von dem Glühdraht abdampfenden Wolframatomen auf eine Weise, daß es zu einer Rückdiffusion des Wolframs zum Glühdraht kommt. Dadurch wird eine Kolbenschwärzung vermieden. Der Leuchtdraht brennt unter höheren Temperaturen als bei der normalen Glühlampe, und der Prozeß erfordert einen höheren Gasdruck. Aus diesem Grund ist der Kolben kleiner und aus Quarz oder Hartglas gefertigt.

Die höhere Temperatur bewirkt auch, daß das Licht der Halogenlampe deutlich weißer bzw. › kühler ‹ erscheint als das der ein-

***Oben:** Diese Halogen-›Kerzenleuchte‹ liefert ein kühles, frisches Licht in einer eleganten, minimalistischen Form.*

***Rechts:** Niedervolt-Halogenstrahler sind mit ihrem klaren, weißen Licht mittlerweile ein Beleuchtungsklassiker.*

Halogenlampen sind klein und diskret; die Lichtquelle läßt sich problemlos verstecken. Als Deckenfluter auf Einbauschränken in der Küche, als Tiefstrahler in Abzugshauben integriert (ganz links) oder in der Form von Minimalleuchten (links) ziehen sie die Aufmerksamkeit eher auf die Lichtqualität als auf die Form der Leuchte.

Rechts: Wo immer plastische Formen und klare Linien betont werden sollen, erweist sich Halogen als gute Wahl. Ein 300-Watt-Deckenfluter, kombiniert mit Niedervolt-Wandflutern macht das Raumvolumen sichtbar.

Unten links: Niedervolt-Halogenleuchten entlang einer Schiene streuen Lichtpunkte im Wohnbereich.

fachen Glühlampe. Die Farbtemperatur liegt bei über 3.000 Kelvin. Die Wellenlängen verteilen sich gleichmäßiger über das Farbspektrum. So ergibt sich ein intensives, leuchtend weißes Licht, das Farben klarer und schärfer zutagetreten läßt. Es überrascht daher nicht, daß Halogen zunächst im Theater- und Ausstellungsbereich sowie in der Gastronomie Einzug fand, da dort Farbtreue von großer Bedeutung ist.

Halogenlampen eignen sich gut für Wohnräume, in denen helles Licht benötigt wird. Da Halogen dem Tageslicht am nächsten kommt, ist es einfach ideal für Situationen, in denen es auf konzentrierte Arbeit ankommt. Deckenfluter oder Downlights geben ein rein weißes Hintergrundlicht, das moderne Einrichtungen und architektonische Details perfekt ergänzt. Spotlights bringen zusätzliche Leuchtkraft.

Halogenlampen für den Netzanschluß bieten viele der praktischen Vorteile der einfachen Glühlampe. Sie lassen sich auf Knopfdruck einschalten und dimmen. Sie sind in zahlreichen Formaten und unterschiedlichen Wattleistungen (bis 700 Watt und mehr) erhältlich und können in Verbindung mit Kaltlichtspiegeln eingesetzt werden. Ihre Lebensdauer beträgt bis zu 3.000 Stunden.

Auch in den Nachteilen ähneln Halogenlampen der Glühlampe. Sie sind ebenso energieineffizient wie diese und erzeugen viel Wärme, so daß ihr Einsatz im Wohnbereich an Grenzen stößt. Vorbedingung für den Anschluß ist eine wärmeresistente Halterung. Halogenlampen sind zudem teurer und nicht so problemlos erhältlich wie die normale Glühlampe.

Aufgrund ihres geringen Strombedarfs (zwischen 15 und 50 Watt) und der langen Lebensdauer (3.000 bis 3.500 Stunden) ist die Lampe energieeffizienter und damit kostengünstiger als einfache Halogenlampen oder Glühlampen. Bei niedrigerer Spannung gibt die Niedervolt-Halogenlampe ebensoviel Licht ab wie die entsprechende Glühlampe. Niedrige Spannung bedeutet zudem, daß sie problemlos an ›nackten‹ Drahtkonstruktionen hängen und damit spektakuläre Effekte in offenen Räumen erzielen kann. Da die einzelnen Leuchten so klein sind, gerät man jedoch nur allzu leicht in Versuchung, zahlenmäßig mehr anzubringen. Dies ist sowohl vom praktischen als auch vom visuellen Standpunkt aus nicht zu empfehlen, da zum einen mehr Wärme erzeugt und zum anderen ein Ambiente geschaffen wird, das eher an Geschäftsbetrieb als an Wohnraum denken läßt. Zudem besteht dadurch Brandgefahr.

Der größte Nachteil der Niedervolt-Lampen liegt in der Tatsache, daß ein Transformator erforderlich ist. Ursprünglich war dieser sperrig, mußte belüftet werden und erzeugte viel Wärme. Sofern er versteckt in Decken installiert war, bestand Brandgefahr, und es ergaben sich Zugriffsprobleme bei der Wartung. Inzwischen sind leichte, kleine elektronische Transformatoren auf dem Markt, die als kaum sichtbares Element in den Beleuchtungskörper selbst integriert werden können.

Unten: Kleine Halogen-Hängeleuchten sind praktische, unaufdringliche Küchenleuchten.

Niedervolt-Halogenlampen

Die Einführung von Halogenglühlampen für niedrigere Voltleistung hat das Produkt auf der Beliebtheitsskala drastisch steigen lassen. Niedervolt-Systeme – vor einem Jahrzehnt eher noch die Ausnahme – sind inzwischen ganz selbstverständlich in vielen modernen Wohnräumen anzutreffen.

Im Prinzip bietet die Niedervolt-Halogenlampe dieselben Merkmale wie die einfache Halogenlampe. Sie spendet ein frisches weißes Licht, das Farben relativ getreu wiedergibt. Der Glaskolben ist jedoch um ein Vielfaches kleiner und läßt so das Licht stärker funkeln. Es verwundert nicht, daß diese winzigen Lampen zunächst in Schaufensterauslagen Anwendung fanden.

Auch im Wohnbereich werden Niedervolt-Halogenleuchten eher zur Betonung bestimmter Objekte eingeplant. Aufgrund der kleinen Lampengröße können die Reflektoren präziser arbeiten und das Licht in einem engen Strahl bündeln; damit läßt sich alles, was in den Mittelpunkt gerückt werden soll, genau anstrahlen. In der Regel sind die winzigen Kapseln bereits in Kaltlichtspiegel integriert, die das Licht nach vorn reflektieren und die Wärme in den hinteren Bereich der Fassung übertragen.

Leuchtstoff

Noch vor zehn Jahren war die Leuchtstofflampe die meistgehaßte Lichtquelle. Mit gutem Grund: Zwar ist sie sparsam, langlebig und energieeffizient, gleichzeitig jedoch wirkt ihr Licht unruhig, hart und verursacht manchem sogar Unbehagen. Eigentlich kann es als kühl in der Nähe des natürlichen Lichts auf der Farbtemperaturskala eingeordnet werden; mit ›Spitzen‹ im grünen und orangeroten Bereich des Spektrums verfälscht es jedoch die Farbgebung und läßt Mensch und Wohnungseinrichtung gleichermaßen ›ungesund‹ aussehen. Aufgrund dieser Nachteile wurde die Leuchtstoffröhre bisher eher in Werkräume, Garagen

***Links:** Die einst so verpönte Leuchtstoffröhre wurde in der jüngsten Vergangenheit von der Designeravantgarde wiederentdeckt. Hier erhellt die Leuchtstofflampe, versteckt hinter einer Blende aus Opalglas, den Küchentrakt.*

***Oben:** Schmale Leuchtstoffröhren in unterschiedlicher Länge wurden zusammen installiert, um einen fortlaufenden Lichtstreifen zu bilden.*

und Kellerräume verbannt, wo der praktische Nutzen im Vordergrund steht.

Dies war früher. In den letzten Jahren haben sich die Designer von Leuchtstofflampen einiges einfallen lassen, allein schon, da inzwischen stärker darauf geachtet wird, auch in Wohnräumen energieeffizientere Leuchtmittel einzusetzen. Noch sind nicht alle Nachteile dieser Leuchte aus dem Weg geräumt, aber die Hersteller bringen mittlerweile Produkte auf den Markt, die wärmeres Licht abgeben und dadurch auch einladender wirken.

Leuchtstofflampen funktionieren anders als die üblicherweise in Wohnungen eingesetzten Leuchtmittel. Eine elektrische Ladung, die durch eine Röhre (gefüllt mit dem Edelgas Argon oder Krypton) läuft, regt das Gas zu einer unsichtbaren Strahlung an; es

kommt zu einer Reaktion mit dem an den Innenseiten der Röhre angelagerten Leuchtstoff (Phosphor), und dieser beginnt zu fluoreszieren bzw. zu leuchten, d. h. die Strahlung wird sichtbar. Da die Reaktion bei relativ niedriger Temperatur erfolgt, ist der Energieverbrauch geringer als bei Glühlampen. Ende der 30er Jahre kamen die ersten Leuchtstoffröhren auf den Markt und entwickelten sich – in gewerblich und industriell genutzten Räumen – aufgrund der niedrigen Betriebskosten und ihrer extrem langen Lebensdauer (7,5fache einer Glühlampe) schnell zu einem ernsthaften Rivalen der Glühlampe.

Das von Leuchtstofflampen abgegebene Licht ist kühl, hell und diffus, Qualitäten, die in Wohnräumen weniger erwünscht sind. Die Farbe wird übrigens durch den Phosphoranteil in der Röhre bestimmt, und der läßt sich ändern. Einige der neuen Produkte zeigen zwar eindeutig Verbesserungen im Vergleich zu den Standardmodellen, ihr Licht eignet sich jedoch immer noch nicht besonders gut für eine getreue Farbwiedergabe. Inzwischen können Leuchtstofflampen auch mit Sparschalter (Dimmer) geliefert werden, allerdings mit erheblichem Kostenmehraufwand. Ein weiterer Nachteil besteht darin, daß zwischen dem Einschalten und dem Sichtbarwerden des Lichts oft beträchtliche Zeit verrinnt und die Lampen dabei leicht brummen und flackern.

Ganz links: In drehbare Birkenholzpaneele integrierte man extrem schmale Leuchtstoffröhren.

Mitte links: Hier sind die Leuchtstoffröhren in speziell angefertigten Badezimmerleuchten verborgen.

Mitte: Eine extravagante Schlafzimmerbeleuchtung durch versteckte Röhren.

Rechts und ganz rechts: Röhrenlampen können allein oder – um das Licht breiter zu streuen – hinter Mattglas eingesetzt werden.

Ganz links unten: Die innen angebrachten Leuchtstofflampen verwandeln das große Fenster nachts in eine leuchtende Scheibe.

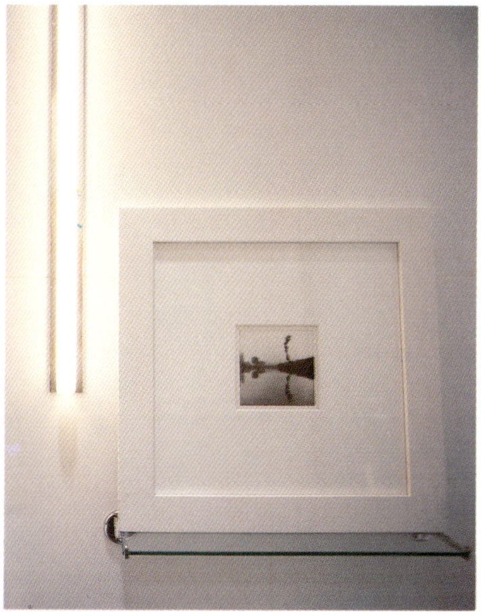

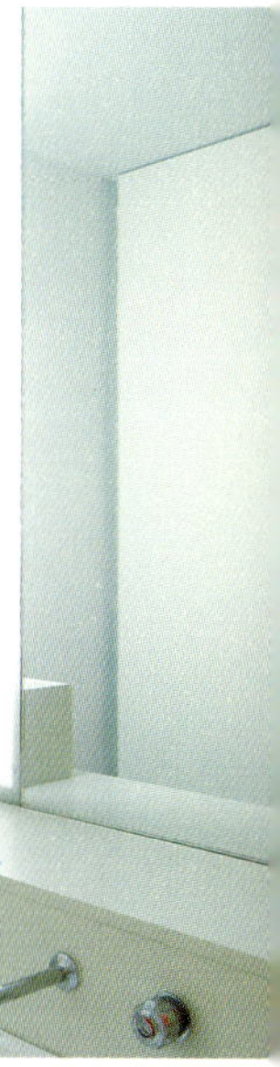

Zwar kamen vor kurzem Produkte auf den Markt, bei denen diese Probleme gelöst wurden, allerdings sind diese Lampen auch kostenintensiver.

Zu radikaleren Entwicklungen kam es im Bereich der Kompakt- und Minileuchtstofflampen; inzwischen gibt es extrem kompakte Formen und ultradünne Röhren, deren Durchmesser nicht größer als der eines Bleistifts ist. Man entwickelte sogar eine solch kompakte Form, in der die Röhre in einen herkömmlichen Mattglaskolben integriert ist. Das Licht wird wie bei einem normalen Kolben gestreut, und die Form ist für all jene, die sich nicht mit einer Röhre anfreunden können, vertrauter. Es bleibt das Problem der Entsorgung der hochgiftigen Leuchtstoffe.

Viele Leuchtstofflampen sind inzwischen mit Standardsockel oder auch einem Adapter erhältlich, so daß man sie mit den unterschiedlichsten Beleuchtungskörpern kombinieren kann. Leuchtstoffröhren sind besonders da von Nutzen, wo heißere Lichtquellen gefährlich oder ungeeignet wären. Ihr geringer Energieverbrauch hat ebenfalls dazu beigetragen, daß sie immer beliebter werden. Bei einer Leistungsaufnahme von nur 9 Watt erzeugen sie dieselbe Lichtmenge wie eine 40-Watt-Glühbirne, dabei kosten sie nur ein Zehntel.

Und die Entwicklung geht weiter. Mit der zunehmenden Thematisierung des Energieverbrauchs und dem Bestreben der Hersteller, die ästhetischen Merkmale des Produkts zu verbessern, werden diese effizienten und langlebigen Lampen auch in Zukunft wahrscheinlich immer gebräuchlicher.

Links: Ultradünne Leuchtstoffröhren setzen einen ungewöhnlichen Rahmen in einem luftigen, geräumigen Flur.

Andere Leuchtmittel

Es gibt eine Vielzahl weiterer künstlicher Lichtquellen, die in der Regel der Kategorie der ›Entladungslampen‹ zugeordnet werden. Dazu zählen Halogen-Metalldampflampen, Natrium-Nieder- und Hochdrucklampen sowie Quecksilber-Hochdrucklampen. Bisher haben diese Formen jedoch noch nicht Einzug in den Wohnbereich gehalten, obwohl sie in Industrie, Handel und Gewerbe weit verbreitet sind. Ihre Funktionsweise ist ähnlich wie die der Leuchtstofflampen, allerdings werden andere Gase bzw. Metalle verwendet. In der Regel sind all diese Lampen sehr langlebig und äußerst energieeffizient. Einige – wie beispielsweise die Natrium-Niederdrucklampen – geben Farben sehr ungenau wieder, so daß sie nur als Straßen- oder Anzeigenbeleuchtung in Frage kommen. Andere verfügen dagegen über eine ausgezeichnete Farbwiedergabe. Halogen-Metalldampflampen erzeugen ein kühles, weißes, dem Tageslicht vergleichbares Licht und eignen sich besonders für die Garten- oder Innenhofbeleuchtung, indem sie Grünflächen hervorheben und das Wachstum von Pflanzen anregen. Die Lampen sind in der Regel groß und robust, haben jedoch eine lange Anschaltzeit, benötigen sperrige Vorschaltgeräte und enthalten hochgiftige Stoffe.

Neonlampen werden häufig in der Werbung eingesetzt. Sie sind kostenintensiv und müssen, da sie eine andere Spannung benötigen, von Fachleuten installiert werden. Für den Privathaushalt eignen sie sich daher nur begrenzt, lassen sich dort jedoch für extravagante architektonische Effekte nutzen.

Beleuchtung mittels Lichtleitfasern ist eine neue Form, bei der das Licht an dünnen Bündeln beschichteter Glas- oder Acrylfasern entlang geleitet wird. Bedingt durch die Beschichtung tritt das Licht nicht unterwegs, sondern nur am Ende der Fasern aus. Dies bedeutet, daß das Leuchtmittel relativ weit vom austretenden Licht entfernt angebracht werden kann. Faseroptisches Licht wirkt jedoch sehr kühl am Austrittspunkt. Mittlerweile gibt es auch Modelle, bei denen die Lichtleitbündel nicht beschichtet sind, so daß das Licht auf dem gesamten Weg austreten kann.

Die praktischen Anwendungsmöglichkeiten der Faseroptik sind beträchtlich. Die Lichtleitbündel lassen sich anfassen, biegen und unter Wasser einsetzen. Man findet solche Beleuchtungssysteme häufig in Museen; das abgegebene Licht enthält wenig UV-Strahlen, so daß es sich ideal zur Beleuchtung von Gemälden und Textilien eignet, ohne diese langfristig zu beschädigen. Gleichzeitig bietet die Fasertechnik eine effiziente Möglichkeit, große Flächen dekorativ zu beleuchten, da sich mit einer einzigen Leuchte viele sternförmig verteilte Lichtpunkte erzielen lassen. Die Glasfaseroptik wird häufig auch für besondere Effekte eingesetzt. In einem luxuriösen Londoner Hotel wird durch die mit faseroptischen Lampen ausgestatteten Armaturen in den Bädern fließendes Wasser angestrahlt. Im Alltag beschränkt sich die Fasertechnik eher auf die kitschig wirkenden Tischleuchten, die vor einigen Jahrzehnten auf den Markt kamen und deren aufrecht stehende Leitbündel sich wie lichtgetränkte Borsten ausnehmen. Solange diese Technik nicht weiterentwickelt wird, bleibt sie zu teuer für einen vermehrten Einsatz im Privathaushalt.

***Oben:* Bis vor kurzem beschränkte sich der Einsatz der Faseroptik im Wohnbereich auf diese in den 60ern auf den Markt gekommene Leuchte mit veränderlichen Farben.**

***Rechts:* Die Magie faseroptischer Beleuchtungssysteme zeigt sich deutlich an dieser ungewöhnlichen Badezimmerausstattung. Im Duschkopf integriert ist ein Druckschalter, der mit einer faseroptischen Lampe verbunden ist, deren Lichtbündel Wasserstrahlen gleichkommt.**

Terminologie kann sehr verwirrend sein. Wenn Lichtplaner von ›Lampen‹ sprechen, meinen sie damit die Lichtquelle selbst bzw. das Leuchtmittel, also das, was gemeinhin als Glühlampe bekannt ist. Verschiedene Lampen werden meist mit bestimmten Typen verbunden. So erscheint die Glühbirne normalerweise im AGL-Format (sogenannte Allgebrauchslampe), Niedervolt-Halogenlampen als winzige Kapseln in Kaltlichtspiegel integriert und Leuchtstofflampen in Röhrenform. Innerhalb ein und derselben Familie gibt es jedoch eine breite Palette an Größen, Formen und Konstruktionen.

Lampen

Bei der Wahl der Lampe ist natürlich darauf zu achten, daß sie richtig in den vorgesehenen Beleuchtungskörper paßt. Sie muß die entsprechende Form und Sockelgröße haben und der vorgesehenen Wattleistung genügen, da sonst Überhitzungs- oder Brandgefahr besteht.

Grundsätzlich sind zwei Typen von Lampen zu unterscheiden: Lampen, die Licht rundum abgeben und solche, die einen Lichtstrahl aussenden. Umgangssprachlich kennen wir die zweite Kategorie als Strahler oder Spotlight, technisch korrekt wird dieser Typ als Reflektorlampe bezeichnet. Ein Spot ist ein Reflektor, der einen bis zu 30° breiten Lichtstrahl abgibt, während der Lichtstrahl des Fluters breiter ist. Reflektorlampen haben eine spezielle Form und sind verspiegelt, um das Licht nach vorn werfen zu können. In der Regel kommen sie in Verbindung mit zusätzlichen Blenden oder sonstigen Verkleidungen zum Einsatz, so daß die Verteilung des Lichts noch stärker kontrolliert wird. Lampen, die rundum Licht abgeben, sitzen meist in Beleuchtungskörpern, die das Licht zwar streuen, die Lampe jedoch verstecken. In Uplightern oder Downlightern eingesetzt, können sie das Licht aber auch zielgerichteter lenken.

Bei der Glühlampe wirkt sich der Glaskolben, der die Glühwendel umgibt, wesentlich auf die Qualität des abgegebenen Lichtes aus. Er kann aus Klarglas, Mattglas oder aus getöntem Glas und in unterschiedlichen Formen gefertigt sein. Voll transparente Glühbirnen scheinen das Leuchtmittel zu verkleinern. Schatten sind deutlicher ausgeprägt und schärfer definiert. Es scheint, als sei die Helligkeit geringer als bei einer Birne aus Mattglas mit gleicher Leistungsaufnahme. Glühbirnen aus Klarglas schaffen

***Oben:** Winzige Halogenkapseln in einer Fassung aus Kaltlichtspiegeln, die die von der Lichtquelle erzeugte Wärme verteilen und die Fokussierung des Lichtstrahls gewährleisten.*

***Links:** Diese Glühbirne besitzt eine reflektierende Metallbeschichtung an der Kuppe, so daß das Licht zurückgeworfen wird und eine unangenehme, grelle Helligkeit verhindert.*

übrigens in Verbindung mit perforierten Beleuchtungskörpern effektvolle Schatten.

Mattglaskolben blenden weniger, da sie das Licht mehr streuen. Sie erzeugen ein sanftes, weiches Licht, das vom Auge als angenehm empfunden wird. Kolben mit noch weniger Transparenz – beispielsweise Birnen aus Opalglas – reduzieren die Blendung natürlich noch um ein Weiteres. Erhältlich sind diese Birnen normalerweise als Großkolben, sogenannte Globe-Lampen, und als Kerzenlampen.

Die Palette der Birnen aus buntem Glas reicht von grell bis fein abgetönt. Intensiv eingefärbte Birnen mögen für dramatische Effekte bei Parties sorgen, spielen jedoch nur eine geringe Rolle in der Innenausstattung. In letzter Zeit werden pastellfarbene Glühlampen vom Handel besonders beworben. Sie geben ein sanftes, leicht getöntes Licht. Zu den spezielleren Arten zählen hellblaue Birnen, die das Tageslicht simulieren. Ihr Licht ist weißer als das der normalen Glühlampe und ihre Farbwiedergabe echter. Beide Merkmale sind interessant für Künstler und Designer, bei denen es darauf ankommt, daß sie Farbrelationen so genau wie möglich einzuschätzen vermögen.

Neben der herkömmlichen Allgebrauchsglühlampe sind Glühbirnen in unterschiedlichster Form auf dem Markt. Runde Globe-Formen, in kleineren und größeren Abmessungen, werden in der Regel für die Spiegelbeleuchtung im Badezimmer und in Garderoben gebraucht. Die kleinen Kerzenlampen finden in Wandleuchten und Kronleuchtern Verwendung. Einige dieser Kerzenlampen sind bis ins kleinste Detail echten, flackernden Flammen nachempfunden.

Halogenlampen sind als winzige Birnchen – sogenannte Kapseln – erhältlich; diese geben Licht in alle Richtungen ab, oder sie sind bereits in Kaltlichtspiegel montiert, die das Licht nach vorn abstrahlen, während die erzeugte Wärme nach hinten durch das Glas abgegeben wird. Die Quarzhülle der Halogenkapsel sollte nicht berührt werden, da das von der Haut auf die Glasoberfläche übertragene Fett dort eingebrannt wird, sobald die Lampe Betriebstemperatur erreicht. Man sollte die Kapsel daher nur mit einem Tuch oder mit Handschuhen anfassen.

Mit Hilfe des am Glaskolben befindlichen Sockels wird die Lampe in die Leuchte gesteckt. Sockel sind in zahlreichen Ausführungen auf dem Markt. Die gängigste Variante in Deutschland und den USA ist das Edison-Gewinde (E14, E27, E40), wohingegen in England der mit Doppelsteckstiften ausgestattete Bajonettsockel (B15d) häufiger verwendet wird. Alle Sockeltypen sind auch in Kleinformaten zu haben. Hochvolt-Halogenlampen sind ebenfalls entweder mit Schraubgewinde oder mit Bajonettsockel erhältlich.

Niedervolt-Halogenlampen werden mit Stiftsockel angeboten. Die neuen Kompaktleuchtstofflampen sind immer häufiger mit Stiftsockel oder Schraubgewinde erhältlich, so daß sie heute auf weitaus mehr Beleuchtungskörper passen. Bisher konnten Leuchtstofflampen nur in Verbindung mit speziellen Halterungen verwendet werden.

In den 60er Jahren kamen kuppenverspiegelte Glühlampen auf den Markt; dabei handelt es sich um die herkömmlichen AGL-Formate, deren Kuppe mit einer reflektierenden Beschichtung überzogen ist. Ursprünglich konzipiert für Anwendungen in Verbindung mit einem Parabolreflektor, haben kuppenverspiegelte Lampen heute ein viel breiteres Einsatzfeld. In einer Tischleuchte führt der kuppenverspiegelte Glaskolben das gesamte Licht nach unten und läßt nichts nach oben entkommen. Dadurch ergibt sich ein breiter, intensiver Lichtschein am Fuß der Leuchte. Zum einen läßt sich dieser Effekt stimmungsmäßig einsetzen, zum anderen aber auch gut als Arbeitslicht nutzen. In einem frei hängenden Lampenschirm wird das Licht dagegen nach hinten aus dem Schirm reflektiert und breiter gestreut, wobei die Blendung geringer ist. Kuppenverspiegelte Lampen, die es übrigens auch im Mini-Format gibt, sind teurer als die Standardvarianten, haben jedoch keine längere Lebensdauer. Gelegentlich ist die verspiegelte Kuppe getrennt erhältlich, wodurch die Glühlampe etwas wirtschaftlicher wird.

PAR-Reflektorlampen haben verspiegelte Rückseiten, die das Licht in einem starken Strahl nach vorn werfen. Sie sind als einfache Glühlampe oder Halogen-Glühlampe mit temperaturbeständigem Preßglasreflektor erhältlich. In den USA und in Deutschland werden PAR-Reflektorlampen häufig in der Innenausstattung verwendet, während sie in Großbritannien eher im Außen- und Sicherheitsbereich eingesetzt werden. Sie sind doppelt so langlebig wie die normale Glühlampe und werden mit unterschiedlicher Leistungsaufnahme und Abmessung angeboten.

Viele der heutigen Leuchtendesigner sehen die Glühlampe nicht mehr als praktische Notwendigkeit, die es zu verbergen gilt. Die Avantgarde setzt den nackten Glaskolben inzwischen immer mehr als eigenständiges Objekt in Szene. Designer wie Ingo Maurer brachten in den letzten Jahren witzige Varianten auf den Markt – beispielsweise die Glühlampe in der Glühlampe oder die Glühlampe mit Flügeln (Abb. Seiten 102–103). Es wirkt, als wäre die Entwicklung inzwischen wieder bei ihren Ursprüngen angelangt: Erneut zeigt man die nackte Glühbirne – wie bereits in den Anfangstagen der Elektrizität.

Links: Von der kuppenverspiegelten Glühlampe bis zur Kompaktleuchtstofflampe; die breite Palette der erhältlichen Leuchtmittel ist auf den Seiten 176–177 abgebildet.

Leuchten sind heute in einer unglaublichen stilistischen und funktionellen Vielfalt auf dem Markt – von Philippe Starcks ›Miss Sissi‹ aus farbigen Kunststoffelementen bis hin zum antiken venezianischen Kronleuchter aus Glas, vom deckenbündig montierten, winzigen Tiefstrahler bis zur überall gegenwärtigen Papierkugel. Jahr für Jahr wechseln ursprünglich für den Handel oder die Industrie entwickelte Leuchten in die Angebotspalette für den privaten Konsum und machen die Auswahl noch größer. Der gesamte Beleuchtungsmarkt befindet sich gegenwärtig in einer Phase des Wandels.

Leuchten

In der Fachsprache heißt ein Beleuchtungskörper einfach Leuchte. Er wird definiert als Körper, der das Leuchtmittel bzw. die Lampe in Position hält.

Da die Grenzen zwischen Industrie- und Wohndesign immer fließender werden, finden sich heute auch im Wohnbereich mehr und mehr High-Tech-Leuchten. Mittlerweile gelten einige Produkte progressiver italienischer Hersteller wir Arteluce, Flos oder Artemide schon als Klassiker. Das Thema Beleuchtung übte aber auch auf viele moderne Architekten einen besonderen Reiz aus, und einige der innovativen Nachkriegsleuchten, etwa von solch berühmten Architekten wie Eero Saarinen oder Alvar Aalto, werden heute immer noch produziert.

Ein besonderer Trend unserer Zeit ist der Hang zum Minimalistischen: Winzige, wand-, decken- oder türbündig montierte Niedervolt-Reflektoren reduzieren Beleuchtung auf das Wesentliche. Gleichzeitig werden Leuchten heute aber auch sehr expressiv gestaltet. So setzen viele zeitgenössische Designer organische Materialien ein und zeigen einen eher spielerischen Umgang mit der Form. Beleuchtung macht heute viel mehr Spaß.

Angesichts der breiten Vielfalt überrascht es nicht, daß man bei der Wahl einer Leuchte oftmals überfordert ist. Ein guter Tip ist die Konzentration auf die Funktion, wobei die wichtigste Funktion eines Beleuchtungskörpers die Verteilung und Lenkung des Lichts ist. Einige Leuchten streuen ihr Licht in alle Richtungen, andere – beispielsweise Tischleuchten – leuchten nur einen bestimmten Raum aus, wiederum andere wie Spotlights, Boden- und Deckenfluter strahlen nur in eine einzige Richtung.

***Oben:** Deckenfluter aus schimmerndem Metall und Glas. Die Form der Leuchte demonstriert den Weg, in den das Licht geführt wird.*

***Links:** Die spielerische, grazile Form dieser modernen Stehleuchte – sie erinnert an einen Papierdrachen – ist typisch für die originellen Modelle, die heute angeboten werden.*

Uplights

Uplights (Uplighter) oder Deckenfluter machen genau das, was ihr Name bereits aussagt: Sie richten das Licht nach oben zur Decke und nutzen diese als überdimensionalen Reflektor. Damit schaffen sie ein weiches, diffuses Licht. Die Decke leuchtet, als sei sie von hinten angestrahlt – ein besonders stimmungsvolles Hintergrundlicht. Die Objekte im Raum treten deutlicher hervor als bei Raumlicht, das aus einer zentralen Quelle kommt.

Uplighter lassen sich am besten in Räumen mit hohen Decken einsetzen. Reicht die Leuchte zu nahe an die Decke, ist der Reflexionsbereich zu konzentriert und das Licht weniger weich.

***Oben links:** Deckenfluter vergrößern den Raum, indem das Licht von der Decke reflektiert wird; zudem bieten sie eine gute Hintergrundbeleuchtung.*

***Oben Mitte:** Nach oben gerichtetes Licht kann zur Betonung von Decken- und Wandstrukturen beitragen; gleichzeitig unterstreicht es architektonische Details.*

Je größer die Entfernung zwischen Leuchte und Decke, desto größer die beleuchtete Fläche. In Räumen mit dunkel gestrichener Decke kommen Deckenfluter nicht zur Geltung. Weiße oder leicht getönte Oberflächen bringen die größte Wirkung. Architektonische Details wie kleine Überstände, Mulden oder Bögen in Decke und Wänden treten durch die Flutbeleuchtung noch stärker hervor.

Als indirekte Beleuchtung, die nicht blendet, eignen sich Uplights ideal für Büros und Arbeitszimmer, in denen Rechner stehen – besonders, wenn sie mit Halogenlampen bestückt sind, die ein sehr helles, weißes Licht abgeben.

Uplights lassen sich auch nutzen, um Akzente zu setzen. Niedrige, zylindrische Deckenfluter, verborgen hinter einem Möbelstück oder einer großen Pflanze, schaffen geradezu dramatische Lichteffekte in Raumecken, bilden interessante Schattenmuster und unterstreichen die Struktur von Materialien.

Der Markt bietet verschiedene Typen von Deckenflutern – aber auch viele andere Leuchten, mit denen sich improvisierte Uplight-Effekte erzielen lassen. Den klassischen Deckenfluter, eine Stehleuchte, gibt es bereits seit den ersten Jahrzehnten unseres Jahrhunderts. Damals war er ein wichtiges Gestaltungselement vieler großartiger Art déco-Interieurs. In einigen heutigen Designs sind noch Anklänge an diese Zeiten zu spüren. Andere Modelle zeigen sich dagegen äußerst modern: Da das Augenmerk hauptsächlich auf den Lichteffekt ausgerichtet ist, sind die Leuchten selbst heute in der Regel sehr unauffällig und formell, mit schlankem Metallfuß und flacher Glas- oder Keramikschale (Modell › Jill ‹ von Arteluce, Abb. Seite 72). Leuchten dieser Art wirken oft besonders gut in paarweiser, symmetrischer Anordnung. Modelle, wie die vom spanischen Architekten, Ingenieur und Designer Santiago Calatrava geschaffene Leuchte

Oben rechts: Tragbar, vielseitig und im Trend der Zeit erweist sich dieser schlanke Deckenfluter aus Metall als gute Wahl für ein modernes Interieur.

›Montjuic‹ (oben rechts), zeigen dagegen mehr Extravaganz. Freistehende Deckenfluter sind häufig trag- und verstellbar, so daß das Licht dort eingesetzt werden kann, wo es benötigt wird. Ändert sich die Einrichtung, so lassen sie sich problemlos anpassen.

Es gibt aber auch Modelle, die fest an die Wand montiert sind. Man sieht sie meist in Eingangs- oder Treppenbereichen. Auch hier ist das Design eher zurückhaltend. Flache Schalen aus Mattglas oder Keramik halten sich unaufdringlich im Hintergrund, gehen gelegentlich sogar unmittelbar in die Wandverkleidung über. Einige der wandmontierten Deckenfluter sind so konzipiert, daß sie etwas Licht über die Kanten des Beleuchtungskörpers fließen lassen und so dessen Konturen unterstreichen. Interessante Varianten sind Leuchten im Stil bestimmter Epochen, etwa in der Form gotischer Kapitelle.

Grundsätzlich lassen sich auch andere Modelle als Deckenfluter verwenden. Man muß dazu nur einen Spot oder eine Arbeitsplatzleuchte so einstellen, daß sie ihr gesamtes Licht an die Decke richten. Die vielseitigen Klemmleuchten eignen sich dazu besonders gut. Ihr Licht reicht zwar nicht so weit, dennoch lassen sich dunkle Ecken auf diese Weise gut ausleuchten. Eine kleine Stehleuchte hinter einer Pflanze oder auf einem Regal kann dieselbe Wirkung erzielen. Jede Abschirmung unter einem Deckenlicht – vom riesigen, gewachsten Schirm bis zur reflektierenden Metallabdeckung – wirkt als Reflektor nach oben, so daß das Licht von der Decke zurückgeworfen wird.

Wie viele andere Leuchten sollte auch der Deckenfluter immer zusammen mit anderen Lichtquellen eingesetzt werden. Ein ausschließlich mit Deckenflutern erhellter Raum wirkt schnell kühl und bedrückend; um Atmosphäre zu schaffen, müssen zusätzliche Lichtpunkte gesetzt werden. Eine weitere Möglichkeit wäre, das Licht je nach Stimmung zu dimmen.

Beachten sollte man beim Anbringen von Deckenflutern, daß das Leuchtmittel verdeckt ist, d. h. die Leuchte sollte in der Regel in Augenhöhe oder höher angebracht sein. Dies schließt auch ihren Gebrauch in Zwischengeschossen aus. Denn jeder Blick von oben auf die Lichtquelle und damit auf das Leuchtmittel ist äußerst unangenehm für das Auge.

Oben links: Der 1978 für den italienischen Leuchtenhersteller Arteluce von King, Miranda und Arnaldi entworfene Deckenfluter ›Jill‹ ist inzwischen ein Klassiker der Moderne.

Oben Mitte: Zwei zylinderförmige Uplights betonen die klassizistisch orientierten architektonischen Details.

Oben rechts: Der von Santiago Calatrava entworfene Deckenfluter ›Montjuic‹ spiegelt das Interesse des spanischen Designers an natürlichen Formen wider.

Rechts: Eine unaufdringlich auf dem Boden plazierte Leuchte wirft ein breites Lichtbündel aus einer Ecke des Raumes.

Downlights

Downlights (bzw. Downlighter) richten ihr Licht von einer oben im Raum angebrachten Lichtquelle aus nach unten. Minimal in der Form, aber maximal in der Leistung sind diese Leuchten heute unverzichtbar in gewerblich genutzten Räumen. Aber auch im Wohnbereich findet man diesen Leuchtentyp in den letzten Jahren immer häufiger, insbesondere in Küchen, Badezimmern und Dielen – überall da, wo unaufdringliches, aber effizientes Licht benötigt wird.

Downlights sind entweder ganz oder teilweise in Decken eingebaut, oder sie sitzen oberflächenbündig; es gibt sie in festen oder beweglichen Ausführungen. Das vom Downlight ausgestrahlte Lichtbündel kann schmal oder breit sein, je nachdem, ob die Leuchte eingebaut ist (der Lichtstrahl ist schmaler), teilweise eingebaut oder oberflächenmontiert.

Ganz in die Decke eingebaute Strahler benötigen mindestens 125 mm Deckenstärke, um das Gehäuse aufnehmen zu können (nur so ist eine adäquate Ventilation gewährleistet). Ist nicht genügend Platz vorhanden, sollte man statt dessen auf teilweise eingebaute oder oberflächenmontierte Modelle ausweichen. Alle Leuchten müssen mit wärmebeständigen Abdeckungen über den Anschlußklemmen ausgestattet sein, um die Brandgefahr zu mindern; zudem sollten sie nur vom Fachmann installiert werden, damit sicher ist, daß für eine ausreichende Ventilation gesorgt ist.

Zur Zeit sind zahlreiche Downlights unterschiedlichen Designs auf dem Markt, angefangen von winzigen, funkelnden Niedervolt-Halogenleuchten mit Kaltlichtspiegel bis zu kugelförmigen Tiefstrahlern, die sich drehen lassen, so daß die Richtung des Lichtstrahls verändert werden kann.

***Oben links:* Nach unten gerichtetes Licht hat eine besondere Qualität, indem es z. B. gestattet, die Aufmerksamkeit auf exponierte Einrichtungsgegenstände zu richten.**

***Oben rechts:* Räume mit fest installierten Möbeln wie Badezimmer oder Küchen eignen sich eher für Downlights als Bereiche, wo mehr Flexibilität gewährleistet sein soll.**

***Links:* In die Decke eingebaute Leuchten werden gerne für effizientes Licht in Küchen eingesetzt. Unter den Schränken installiert bieten sie eine gute Beleuchtung der Arbeitsfläche.**

Oben links: Niedervolt-Downlights betonen die Raumqualität des relativ kleinen Schlafbereichs und die Transparenz der großen Fensterfläche.

Ganz links und links: Nach unten gerichtetes Licht setzt ganz besonders stimmungsvolle Akzente.

Oben rechts: Ein neuer Trend sind Lichtleisten in einer Deckenaussparung, hier Niedervolt-Downlights in Kombination mit warmen Leuchtstoffröhren.

Oben ganz rechts: In die Flurdecke montierte Leuchten werfen Reflexe auf den lackierten Fußboden.

Der große Vorteil der Downlights ist ihre Unauffälligkeit. In der Regel handelt es sich um kreisrunde Lichtquellen, die bündig mit der Decke montiert sind und kein betontes Eigenformat haben, so daß sie zu jeder Art von Einrichtung passen – von modern bis traditionell. In Räumen, deren Einrichtung bestimmten Stilepochen nachempfunden wurde, bieten eingebaute Strahler ein gutes Umgebungslicht und die Möglichkeit, gezielt Akzente zu setzen. In modernen Wohnräumen fügen sich Downlights schon aufgrund ihrer Einfachheit nahtlos in die Einrichtung ein.

Downlights bieten jedoch kein Patentrezept. Da sie in der Regel fest installiert sind, wirken sie dort am besten, wo die Einrichtung des betroffenen Raumes nicht allzu oft verändert wird. Auf lange Sicht ist es sinnvoller, festmontierte Reflektoren über einer Arbeitsfläche in der Küche, einem Waschbecken im Badezimmer oder in einer Diele anzubringen – Bereiche, in denen die Ausstattung nicht so oft wechselt. In Wohnräumen können sie dagegen Pläne für Veränderungen unnötigerweise behindern. Wo immer sie auch eingesetzt werden, vorab gilt es auch immer, eventuelle Wartungs- und Zugriffsprobleme zu berücksichtigen.

Auch bei der Lichtqualität können Probleme auftauchen. Downlights blenden nur allzuleicht. Diesem Problem kann man zwar durch Dimmen Abhilfe schaffen, allerdings wird dadurch natürlich auch die Lichtausbeute (z. B. im Arbeitsbereich) reduziert. Downlights tendieren außerdem dazu, horizontale Flächen wie Tische und Arbeitsflächen zu stark auszuleuchten – auf Kosten der vertikalen Flächen, etwa der Wände. Insgesamt entsteht so ein relativ düsterer Raumeindruck, insbesondere dann, wenn keine zusätzlichen Lichtquellen vorhanden sind. Beachten sollte man auch, daß Reihen von Strahlern zu stark an gewerbliche Räume erinnern können. Hier hilft die Installation von Kugel- oder Richtstrahlern, die eine größere Lichtvielfalt vermitteln, da sie auch gegen Wände oder dekorative Objekte gerichtet werden können. Der Anbringungsort ist sorgfältig auszuwählen; dies gilt insbesondere für den Arbeitsbereich. Die Arbeitsfläche muß selbst erhellt sein, so daß man nicht gezwungen wird, im eigenen Schatten zu arbeiten.

Pflanzen oder dekorative Sammlungen lassen sich mit Downlights imposant in Szene setzen, Gemälde oder Bilder können mit beweglichen Kugelstrahlern geradezu mit Licht überflutet werden. Ähnlich stimmungsvolle Effekte lassen sich in Eßzimmern erreichen, wenn das von oben kommende Licht beispielsweise vom weißen Tischtuch reflektiert wird oder sich auf Teile der Tischdekoration richtet und so eine festliche Atmosphäre schafft.

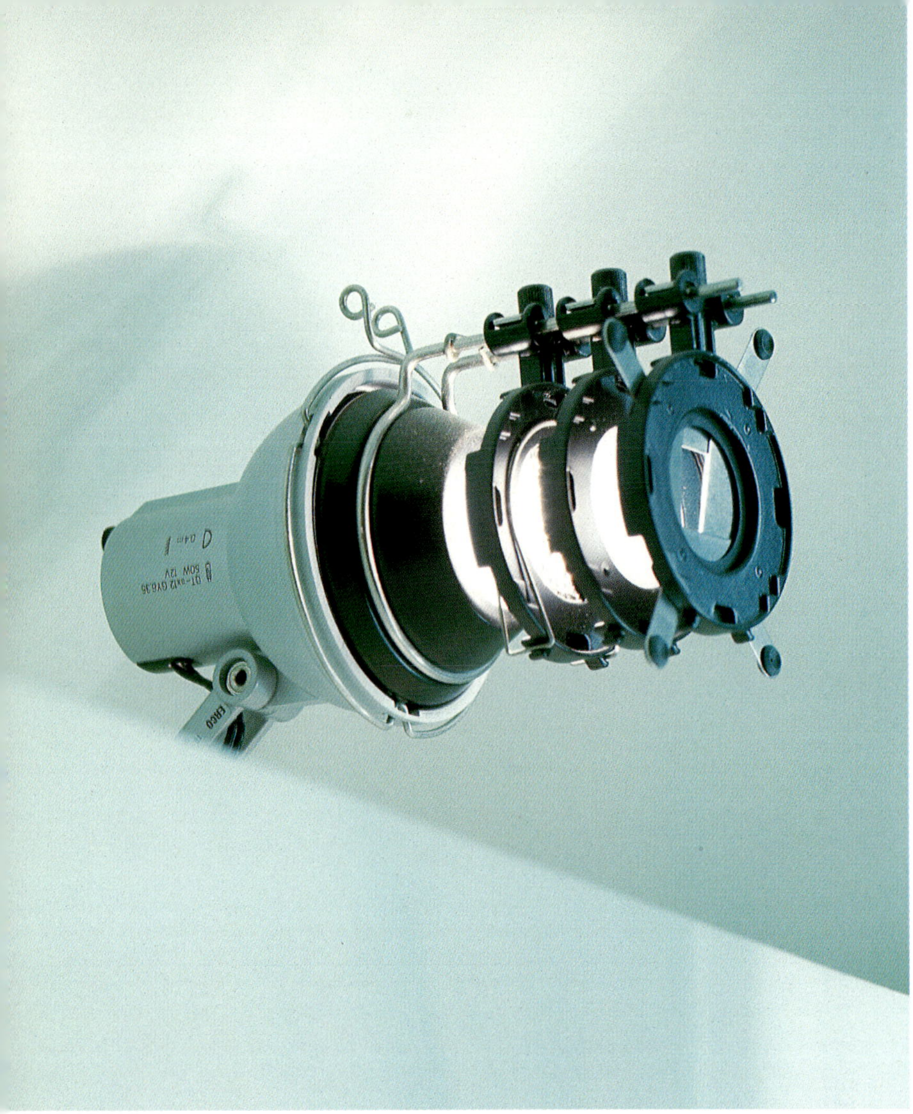

Scheinwerfer stehen für den dramatischen Effekt in der Beleuchtung. Im Theater unterstreichen sie die Aktion, zwingen die Aufmerksamkeit des Zuschauers auf einen bestimmten Bereich oder isolieren den Schauspieler in einem Lichtkreis. Ähnlich lassen Spotlights sich im Wohnbereich für eine ganze Reihe von Beleuchtungseffekten einsetzen.

Die frühen Modelle waren relativ sperrig und auffällig. Durch die Entwicklung der Niedervolt-Systeme können Spotlights heute auf winzigste Punkte reduziert werden. Dazwischen liegt eine breite Vielfalt an Formen, von oberflächen- oder schienenmontierten Strahlern für Wände, Decken oder Fußböden, bis hin zum frei stehenden Spot oder zur überall einsetzbaren Klemmleuchte.

Spotlights sind in einer Vielzahl von Ausführungen, Farben und Formen erhältlich. Im Wohnbereich werden meist kostengünstige, farbneutrale Kunststoffleuchten eingesetzt; aber auch bunte Modelle oder Versionen in Stahl, Aluminium oder Messing sind erhältlich. Ihre Form, die das Licht lenkt, ist meist rein funktional. Einige moderne Modelle zeigen jedoch futuristische Anklänge

Links: Mit Hilfe des Scheinwerfers kann das Licht präzise gebündelt werden, insbesondere wenn zusätzliche Filter, Streuschirme und Abblendrahmen zur Verfügung stehen.

Spotlights

Das Spotlight zählt zu den ersten Leuchten, die aus der professionellen in die private Welt wanderten. Ursprünglich für die Beleuchtung von Bühnen konzipiert, dient der Scheinwerfer auch im Einzelhandel schon seit langem dazu, die Auslagen richtig zur Geltung zu bringen. Im Wohnbereich tauchte er in den 60er Jahren auf und ist inzwischen fester Bestandteil des Beleuchtungsrepertoires.

Technisch gesehen handelt es sich beim Spotlight um einen Reflektor, der ein bis zu 30° breites Lichtbündel aussendet, während das des Fluters breiter ist als 30°. In der Praxis wird jedoch meist jede Lampe oder Leuchte, die einen kontrollierten Richtstrahl projiziert, als Spotlight bzw. Strahler definiert. Und um die Verwirrung vollkommen zu machen, werden auch in die Decke eingebaute Downlights häufig Spotlight genannt.

Rechts: Ein einfaches Spotlight (bestehend aus einem schwenkbaren Kunststoffgehäuse mit einer Reflektorglühlampe) schafft zielgerichtetes Licht im Wohnraum und hebt gleichzeitig das Umgebungslicht.

es benötigt wird. Diese Vielseitigkeit ist einer der wesentlichen Vorteile. Einige Modelle sind mit speziellen Griffen oder Hebeln bestückt, so daß die Leuchte jederzeit bewegt werden kann, ohne daß man in direkten Kontakt mit dem heißen Gehäuse kommt.

Spotlights, vor allem Niedervolt-Halogen-Spots oder Mini-Spots mit ihrem leuchtend weißen Licht, eignen sich hervorragend, um bestimmte Dinge anzustrahlen. Sie lassen sich aber auch als Hintergrundbeleuchtung einsetzen und schaffen mehrere ineinander übergehende Lichträume, die weit interessanter und stimmungsvoller sind als eine gleichförmige Beleuchtungsebene. Spotlights bringen zudem gutes Arbeitslicht in die Küche; dort sollte man jedoch aufpassen, daß sie mit der Zeit nicht fettig und staubig werden. Für Badezimmer sind sie nicht zu empfehlen, da die Gefahr besteht, daß das Leuchtmittel naß wird.

Trotz ihrer Vielseitigkeit bleibt die richtige Positionierung von Spotlights ein wichtiger Faktor; dies gilt insbesondere für festmontierte Modelle. In der Küche und im Arbeitsbereich ist es wichtig, Blendung zu vermeiden, da sie sich gefährlich auswirken kann, wenn man mit scharfen Werkzeugen oder heißen Materialien umgeht. Licht sollte übrigens immer so ausgerichtet sein, daß es über die Arbeitsfläche fällt und nicht von hinten kommt, so daß man im eigenen Schatten arbeitet.

Oben und rechts: Einfache Spots zum Anklemmen sind günstig und vielseitig. Ihr Licht kann sowohl auf ein Objekt oder eine Arbeitsfläche gerichtet sein als auch eine gute Hintergrundbeleuchtung abgeben.

oder erinnern an vergangene Zeiten wie die einfachen runden Formen in mattpoliertem Metall oder aus Emaille.

Lampe und Gehäuse sind so konzipiert, daß sie gemeinsam einen präzisen, genau ausgerichteten Lichtstrahl abgeben. Die ersten Spots waren mit Parabolreflektoren bestückt; ein haubenförmiges Gehäuse fokussierte und reflektierte das durch den spiegelversilberten Kolben nach hinten geworfene Licht. Heute werden meist seitenversilberte Reflektorglühlampen eingesetzt. Niedervolt-Halogen-Spots sind mit Kaltlichtspiegeln ausgestattet, deren verspiegelte Rückseite das Licht nach vorn strahlt.

Mit Hilfe von Streuschirmen, Filtern und Abblendrahmen wird das Lichtbündel noch präziser gelenkt. Der Scheinwerfer ist beispielsweise ein Spotlight mit integrierten Abblendrahmen zur genauen Ausrichtung des Lichtbündels. Auch bei Flutlichtstrahlern wird das Licht mit Hilfe von Abblendrahmen kontrolliert und die Blendung reduziert. Die Mehrzahl der Spotlights läßt sich in alle Richtungen verstellen, so daß Licht überall dorthin geführt werden kann, wo

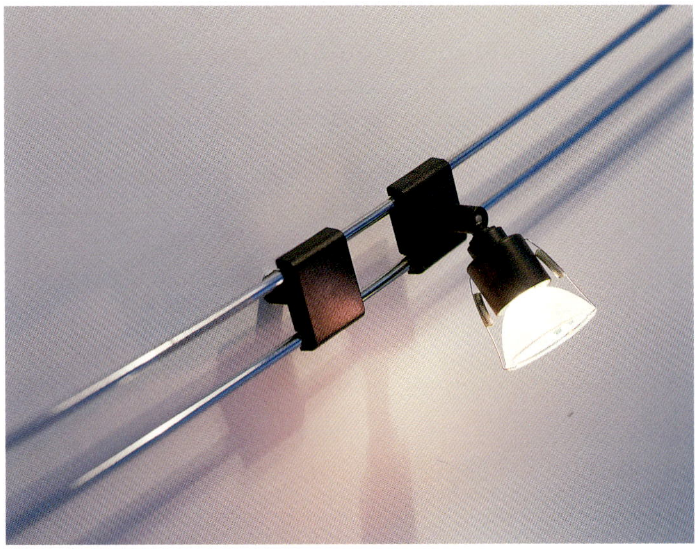

Lichtsysteme

Die Entwicklung der ersten Lichtschienen vor etwas über 30 Jahren trug viel dazu bei, daß Strahler im Wohnbereich immer beliebter wurden. Dabei agiert die Schiene als erweiterte Lichtquelle, d. h. sie selber leitet den Strom, und die Leuchten werden einfach an beliebigen Stellen mit Hilfe einer speziellen Steckverbindung angeschlossen. Entsprechende Sicherheitsvorkehrungen gewährleisten, daß die Stromschiene nicht direkt berührt werden kann.

Ein großer Vorteil dieses Lichtsystems ist, daß sich verschiedene Beleuchtungskörper auf ein und derselben Lichtschiene montieren lassen. So können der Strahler auf der einen Seite des Raumes und die Hängeleuchte über dem Eßbereich auf der anderen Seite mit Energie versorgt werden. Bedingt durch den neuen europäischen Standard sind inzwischen auch vielfach Leuchten- und Schienentypen unterschiedlicher Hersteller kompatibel.

Schienensysteme sind sowohl im Hoch- als auch im Niedervolt-Betrieb erhältlich. In der Regel werden Hochvolt-Lichtschienen mit einem in die Decke installierbaren Trafo geliefert, wohingegen bei der Niedervolt-Variante der Trafo integrierter Bestandteil des

***Oben:** In der Niedervolt-Version werden Lichtschienen zu einer schlichten, aber eleganten Beleuchtungsvariante.*

***Rechts:** Bei der in großräumigem Bogen geführten Niedervolt-Lichtschiene setzen festmontierte Trafos Akzente. Die Schiene ist mit vielen Einzelleuchten bestückt, die sich in verschiedene Richtungen bewegen lassen.*

Links: Lichtschienen bieten die Möglichkeit, Hängeleuchten über Tischen und Sitzecken mit Strahlern zu kombinieren und so den allgemeinen Helligkeitspegel zu erhöhen.

Unten und rechts: Seilsysteme benötigen so wenig Strom, daß die Kabel nackt eingesetzt werden können. Im Ergebnis zeigen sich Lichtarrangements, die an Trapezkunst erinnern. Die Kabel sind zwischen den Wänden installiert; einzelne Lichtköpfe können individuell über die gesamte Länge verteilt werden. Je größer der Raum, desto interessanter der Effekt.

Unten: Die minimalistische Leuchte ›Chopstick‹ von Shui-Kay Kan ist ein besonders elegantes Beispiel eines Seilsystems.

Beleuchtungskörpers ist. Der Strom wird ausschließlich an einem Ende der Schiene eingespeist.

In Verbindung mit drehbaren Strahlern eignen sich Lichtschienen besonders zur Ausleuchtung bestimmter Bereiche oder Objekte. Mit diesem Lichtsystem lassen sich aber auch Lichtinseln im Raum schaffen, z. B. zum Lesen oder zum Telefonieren.

Lichtschienen kann man vertikal und horizontal an Wänden, Decken und sogar am Fußboden einsetzen. In der Regel verläuft die Schienenführung gerade; seit einiger Zeit werden aber auch gebogene Systeme angeboten. Diese sind allerdings teurer. An hohen Decken können Schienensysteme mit Seilen oder Stäben befestigt sein. Hier lassen sich Leuchten auch so anbringen, daß sie als Deckenfluter dienen.

Oben: Lichtschienen strahlen eine grazile technische Ästhetik aus und eignen sich am besten für moderne Interieurs.

Das Prinzip der Lichtschienen stammt eigentlich aus Gewerbe und Industrie und wirkt im Wohnbereich immer noch relativ kantig und auffällig. Kleinere Systeme mit neutral gehaltenen Schienen oder die winzigen Niedervolt-Konstruktionen sind weniger augenfällig; allerdings wirken sie in Räumen mit traditioneller Einrichtung aufgrund ihrer linearen Anordnung relativ deplaziert.

Der größte praktische Nachteil liegt in der Gefahr, die Systeme zu überladen. Besonders anfällig in dieser Hinsicht sind frei installierte Niedervolt-Lichtschienen. Die Auslegung des Trafos gibt die Leistungsaufnahme und damit die Anzahl der zu installierenden Reflektorköpfe vor. Wird mehr Licht benötigt, so muß eine zweite Schiene montiert werden, da die elektrische Kapazität der Schiene begrenzt ist.

Seilsysteme

Seilinstallationen sind eine ultimativ minimalistische Neuentwicklung. Sie wirken schlicht und gleichzeitig sehr grazil und interessant. Winzige Niedervolt-Reflektorköpfe sitzen beweglich an einem Kabelpaar. Da die Kabel nur mit 12 Volt gespeist werden, können sie unverhüllt installiert und problemlos angefaßt werden. Man montiert sie in der Regel von Wand zu Wand oder von der Decke zum Fußboden und schließt sie über einen Trafo an.

Viele sachliche, elegante Leuchten wurden für den Anschluß an Seilsysteme konzipiert. Ein witziges und gleichzeitig typisches Beispiel ist die von Shui-Kay Kan entworfene Leuchte ›Chopstick‹ – eine winzige, auf dünnen, starren Armen zwischen den Seilen ruhende Niedervolt-Leuchte.

Seilsysteme werden häufig in Museen und Schaufensterauslagen eingesetzt, um bestimmte Objekte so unauffällig wie möglich anzustrahlen. Inzwischen sieht man sie aber auch immer häufiger in Wohnungen, insbesondere in großzügigen Appartements und als Wohnungen umgestalteten Lagerhäusern, wo ihre dramatische Wirkung am besten zur Geltung kommt.

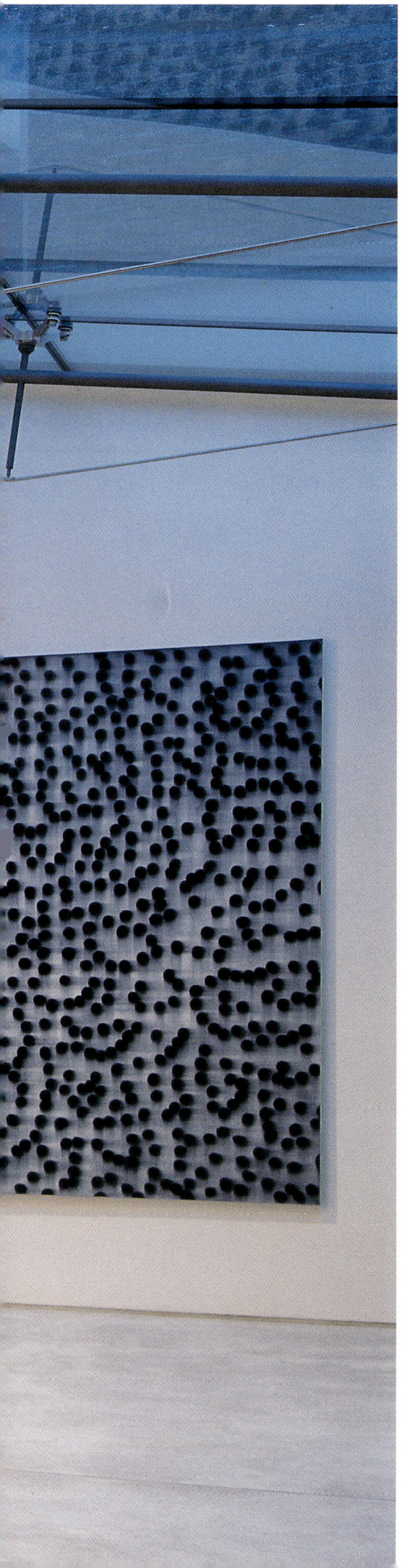

Wandleuchten

Wie Decken bieten Wände beides: eine praktische Oberfläche zur Befestigung von Leuchten und eine Reflexionsebene, um ein weiches Umgebungslicht zu schaffen. Wandleuchten können als Richtstrahler montiert werden, wie im Fall von wandmontierten Deckenflutern (siehe Seiten 70–73), aber typischer sind Wandleuchten, die ihr Licht rundum an die gesamte Umgebung abgeben. Sie werden in einer breiten Vielfalt am Markt angeboten – von der klassischen Stilleuchte bis hin zum schrillen Modegag.

Wandleuchten schaffen ein sanftes, beruhigendes, blendungsfreies Umgebungslicht. Im Gegensatz zu zentral angebrachten Leuchten, die zu langweiliger Gleichförmigkeit tendieren, bieten sie flexiblere Gestaltungsmöglichkeiten und mehr Vitalität. In Paaren, als Rahmen für ein Sofa oder Bett, kommen sie – vor allem in klassischen Einrichtungen, wo symmetrische Arrangements sehr beliebt sind – besonders gut zur Geltung. In Verbindung mit einem Dimmer läßt sich Wandlicht noch variabler gestalten.

Von der Fackel über den Kerzenhalter zur Gasleuchte – Wandlicht hat eine lange Tradition, die sich stark im Design der angebo-

***Ganz links:** Die Abblendflügel an den wandmontierten Scheinwerfern bündeln den Lichtstrahl und richten ihn nach dem jeweiligen Bedarf aus.*

***Oben und links:** Die Palette der Wandleuchten reicht von klassisch bis ultramodern. Leuchten mit Schirmen aus Stoff oder Glas spenden ein sanftes Umgebungslicht, während andere Formen das Licht nach unten, oben oder gleichmäßig in beide Richtungen lenken.*

RENÉ-JACQUES

tenen klassischen Wandleuchten widerspiegelt. Die Form des Kerzenleuchters mit von der Wand ausschwenkenden Armen ist nach wie vor aktuell. Meist sind diese Modelle mit elektrischen Kerzen bestückt, die sogar schmelzendem Wachs nachgebildet sein können. Dadurch mögen sie erstaunlich realistisch wirken oder auch kitischig – je nach Standpunkt. Sind die Kerzenlampen nicht abgeschirmt, sollte man darauf achten, daß die einzelne Wattzahl nicht zu hoch ist, um Blendung zu vermeiden – oder man deckt sie mit kleinen Stoff- oder Pergamentschirmen ab.

Moderne Wandleuchten bieten eine ebenso reiche Formenvielfalt. Neben den wandmontierten Deckenflutern gibt es jene Beleuchtungskörper, die ihr Licht in alle Richtungen abstrahlen und häufig mit besonderen Vorrichtungen gegen direkte Blendung ausgestattet sind. Moderne Leuchtendesigner verwenden heute viele unterschiedliche Materialien wie Metall, Keramik, Mattglas, Holzfurniere und Textilien und kreieren damit plastische, organische Formen mit großer optischer Wirkung. Einfache Wandleuchten wirken vorteilhaft in paarweiser Anordnung oder wenn sie zu mehreren entlang einer Wand angebracht sind. Auffälligere, etwa asymmetrische Modelle können gut allein als Blickfang eingesetzt werden.

Links und oben Mitte: ***Kleine Metalleuchten im Stil einer Fabrikbeleuchtung setzen einen rauhen, aber passenden Akzent in einem umgebauten Lagerhaus. Die wandmontierten Leuchten geben das Licht in einem breiten Winkel nach unten ab. Metallrohre leiten die Kabel über die Backsteinmauer.***

Oben links: An der Wand angebrachte Niedervolt-Halogenleuchten bringen brillantes Arbeitslicht in eine elegante, moderne Küche.

Wandfluter

Wandfluter sind eine spezielle Form der Wandbeleuchtung; in der Regel handelt es sich dabei um Downlights, die die Wand mit einem gleichförmigen Lichtkegel ausleuchten. Installiert werden sie an der Decke, entweder auf Schienen, deckenbündig oder auf der Oberfläche. Meist sind sie mit Blenden oder Reflektoren bestückt, die das Licht an die Wand führen. Oft verwendet man auch kugelförmige Downlights, die sich in beliebige Richtungen positionieren lassen.

Ebenso wie Deckenfluter verbreiten Wandfluter ein sanftes, weiches Hintergrundlicht, indem sie das Licht über die Wand verteilen und diese gleichzeitig als Reflektor nutzen. Ein Gefühl von Weite stellt sich ein. Ihre Unauffälligkeit macht die Leuchte besonders geeignet für elegante, moderne Einrichtungen.

Die Art der Wandoberfläche ist dabei von wesentlicher Bedeutung. Wandfluter lassen sich überall dort besonders wirkungsvoll einsetzen, wo die Wände hell und glatt sind und als optimale Reflektoren wirken. Strukturierte Oberflächen haben wiederum ihren eigenen Reiz, da das Licht die Strukturen an der Wand besonders hervorbringt.

Oben rechts: Deckenmontierte, kugelförmige Strahler zählen zu den gebräuchlichsten Wandflutern. Der Leuchtkopf kann geschwenkt werden, so daß das Licht entweder über die Wand flutet oder einen bestimmten Bereich ausleuchtet.

Pendelleuchten

Pendelleuchten waren schon immer mehr oder weniger verpönt. Auch heute noch sind sie das schwarze Schaf vieler Lichtplaner. Es ist nicht schwer zu erkennen warum. Helles Licht aus einer einzigen Hängeleuchte kann jedes stimmungsvolle Ambiente zunichte machen. Anstelle interessanter Licht- und Schattenmomente gibt es nur eine einheitliche, flache Lichtebene. Das Auge wird nicht von einzelnen Lichtpunkten an mehreren Stellen im Raum angezogen, es gibt nur einen statischen Brennpunkt in der Mitte.

Trotz dieses Nachteils ist die Pendelleuchte immer noch ein sehr gängiges Beleuchtungsmittel. In manch älteren Häusern hat die Mittelrosette an der Decke aus den Zeiten des Gaslichts und der Kerzen überlebt. Häufig wurde diese Rosette mit interessanten Stuckornamenten ausgeschmückt, ein Zierelement, das man nicht so einfach verschwinden lassen will, das jedoch häufig seltsam leer aussieht, wenn dort keine Leuchte angebracht ist. Wenn also kein Weg um eine Deckenleuchte führt, gilt es herauszufinden, wie sie in eine gute Lichtplanung integriert werden kann.

Nicht alle Pendelleuchten sind ins Kreuzfeuer der Kritik geraten. So ist beispielsweise der Kronleuchter beliebt wie eh und je. Daher haben viele Leuchtendesigner ihr Augenmerk inzwischen verstärkt darauf gerichtet, diesen Klassiker neu aufzubereiten. Natürlich bietet eine Hängeleuchte auch praktische Vorteile. In Abstell- und Kellerräumen ist Stimmung nicht gefragt. Dort braucht es eine einfache, kostengünstige und für solche Örtlichkeiten geeignete Lichtquelle. Für Badezimmer bietet sich eine Lösung mit einfachen Glaskugeln an, da das Leuchtmittel vollständig eingeschlossen sein muß.

Im Wohnbereich bleibt die Pendelleuchte trotz allem ein beliebtes Arrangement, da viele Leute eine einzelne Lichtquelle im Raum mögen. Allerdings sollte diese nicht zu hell und dem Stil der

***Links:** Die vom dänischen Designer Louis Poulsen entworfene Pendelleuchte ›Poulsen PH4‹ gilt als die Verkörperung der skandinavischen Moderne.*

***Oben:** Die Hängeleuchte wurde in den letzten Jahren aufgemöbelt, insbesondere von Designern wie Tom Dixon (unten rechts).*

***Rechts:** Diese in Sonderanfertigung entstandenen Schwenkarme aus Holz machen die Pendelleuchte mobil.*

Hänge- oder Pendelleuchten, die nahezu ihr gesamtes Licht nach oben streuen, eignen sich besonders für den Wohnbereich. Moderne Beleuchtungskörper wie an Seilen aufgehängte, flache Keramik- oder Mattglasschalen leuchten zwar sanft an der Lichtquelle selbst, ihr Licht wird jedoch von der Decke reflektiert und erhält dadurch eine besondere Qualität.

Der Markt bietet auch eine breite Vielfalt an Schirmen für Pendelleuchten, die die Lichtquelle ganz verhüllen und nur einen sanften Lichtschimmer abgeben. Die allseits gegenwärtige Papierlaterne wurde in der jüngsten Vergangenheit aufgewertet und ist nun auch in vielen Farben und asymmetrischen Formen erhältlich. Ähnliche Modelle in leuchtfarbener Seide vermitteln gar einen bohemehaften Touch.

Pendelleuchten, die ihr Licht nahezu vollständig nach unten streuen, eignen sich besonders gut für Bereiche, in denen das Licht von einer horizontalen Fläche – beispielsweise dem Eßtisch – reflektiert wird. Leuchten mit breit ausgeformten Schalen sollte man mit verspiegelten Leuchtmitteln bestücken, damit diese nicht

***Links:* Antike Pendelleuchte im Arbeitsbereich. Weißes Licht schimmert aus Hunderten von Glasperlen. Ein solches Stück wirkt zweifelsohne als Blickfang.**

Einrichtung angepaßt sein. Idealerweise richtet eine Pendelleuchte ihr Licht nach oben oder streut es sanft in alle Richtungen. Noch besser: Man bringt mehrere Leuchten an.

Will man von der Mitte des Raumes als zentralem Beleuchtungsort wegkommen, so bietet sich als einfache Alternative eine Verlängerung der Anschlußschnur an. Die Leuchte wird an einem Haken, der an anderer Stelle im Raum angebracht ist, aufgehängt. Dies ist auch eine Möglichkeit, wenn es darum geht, eine Pendelleuchte in eine zentrale Position über einem Tisch oder einer Sitzgruppe zu bringen.

Deckenleuchten gibt es in verschiedensten Formen und Preisklassen, angefangen von der einfachen, deckenmontierten Glasschale bis hin zum luxuriösen Kristallkronleuchter. Und sicherlich war die schlichte Papierlaterne schon in vielen Wohnungen für eine gewisse Zeit eine gern gesehene und billige Zwischenlösung.

***Rechts:* Eine Reihe einfacher Pendelleuchten über der freistehenden Badewanne betont die Anordnung der Einrichtung im Raum. Durch die Verwendung mehrerer Leuchten gleichzeitig wird der mögliche Blendungseffekt einer einzigen, dominanten Leuchte vermieden.**

Auch hier sind zahlreiche Modelle im Handel. Vorsicht: Schlechte Imitationen können billig und häßlich aussehen. In Einrichtungen im Landhausstil kommen vor allem im Eßbereich einfache, auf skandinavischem oder dem Vorbild der Shaker beruhende Objekte aus Zinn oder Weißblech gut zur Geltung. Viele dieser Formen können nur mit Kerzen bestückt werden; es gibt jedoch auch die elektrische Variante. Innovative Designer verwandelten den Kronleuchter in den letzten Jahren in ein Kunstobjekt, indem sie z. B. gehämmertes Metall, buntes Glas oder kleine Porzellanplättchen integrierten.

Die Laterne ist ein weiteres, aus einer früheren Epoche herübergerettetes Objekt, das heute eine Renaissance erlebt. Allerdings hat die klassische Laterne aus Glas und Messing, die früher nahezu alle Eingangshallen und Dielen ausleuchtete, anderen stilistischen Formen Platz gemacht. Modelle aus perforiertem Metall oder mit edelsteinartigen Einsätzen aus buntem Glas erzeugen dekorative Lichteffekte mit einem Hauch Fernost.

***Links und unten:** Übergroße Laternen aus Glas und an einem Metallring befestigte Glasschalen waren schon immer ein beliebtes Design für Pendelleuchten. Die in vielen alten Häusern vorhandene Deckenrosette sieht leer aus, wenn keine entsprechende Leuchte darin angebracht ist.*

blenden. Besser geeignet sind engere Schirme aus Opalglas, Metall oder Porzellan, wo die Lampe versteckter angebracht ist. Viele Pendelleuchten sind mit höhenverstellbaren Mechanismen ausgestattet, mit Hilfe derer sich die Lichtwirkung variieren läßt.

Kronleuchter bieten ein äußerst wirkungsvolles Licht. Sie gehen auf mehrarmige Kerzenleuchter zurück, die einst eingeführt wurden, um dort mehr Licht zu verbreiten, wo einzelne Kerzen nicht ausreichten. Die weiteren stilistischen Vervollkommnungen – wie das Anbringen von geschliffenem Glas oder Kristall – hatten auch den praktischen Grund, das Licht zu brechen und zu vervielfältigen. Ein Kristallkronleuchter mit Hunderten von Kristalltropfen, die in all ihren Facetten Licht widerspiegeln, ist auch heute noch ein überwältigender, magischer Anblick.

Leider leben nur wenige von uns in einer Wohnung, in der ein solches Objekt angebracht wäre; dies bedeutet jedoch nicht, daß grundsätzlich auf Kronleuchter verzichtet werden sollte. Bestehend aus vielen kleinen Lichtpunkten, bietet er zahlreiche Vorteile, die eine normale Pendelleuchte nicht hat. Kronleuchter dienen vor allem dekorativen Zwecken und weniger der Beleuchtung eines Raumes. Sie wirken am besten in Räumen, wo sie entsprechend in Szene gesetzt werden können – großzügig geschnittene Wohnzimmer oder luftige Treppenaufgänge.

Tischleuchten

***Oben und rechts:** Tischleuchten sind aus keinem Beleuchtungsplan wegzudenken. Sie setzen – häufig witzige, farbige – Akzente, bringen Atmosphäre und einen persönlichen Touch in jede Wohnung. Leuchten wie die von Peter Wylly (oben links) zeigen das Experiment mit Material und Form des Lampenschirms, andere, wie etwa die sogenannte Lava-Leuchte (oben rechts), setzen einen Farbtupfer in schlichte Räume. Moderne Tischleuchten (ganz rechts) sind heute in vielen interessanten Varianten erhältlich – von der einfachen, sachlichen bis zur originellen, plastischen Form.*

Unabhängig davon, welches Licht bevorzugt wird – Tischleuchten sind unverzichtbar. Sie gestalten besondere Lichtbereiche im Raum und schaffen eine gemütliche, intime Stimmung. Ohne Tischleuchten mögen Räume zwar effizient und sogar einigermaßen wirkungsvoll ausgeleuchtet sein, im Endeffekt fehlt jedoch so etwas wie der persönliche Touch.

Tischleuchten bestehen aus einem Fuß bzw. Sockel, der den Beleuchtungskörper und die Lampe trägt und in dem das Anschlußkabel untergebracht ist. Die Lampe ist abgeschirmt, wobei Form und Material der Abschirmung weitgehend die Qualität des Lichts bestimmen. Die Mehrzahl der Schirme gibt etwas Licht nach oben und zur Seite ab, den größeren Teil jedoch nach unten. Daraus ergibt sich eine sanfte Verteilung des Lichts um die Leuchte herum mit einem helleren Lichtschein am Fuß. Breitere Schirme spenden folglich einen breiteren Lichtschein.

Da die meisten Schirme aus Stoff, Papier oder Pergament gefertigt sind, darf die Leistung der Glühlampe nicht zu stark sein. Die Farbe des Schirms und die Struktur des Materials wirken sich übrigens erheblich auf die Lichtqualität aus.

Tischleuchten sind ein wesentliches Element bei der Gestaltung von Innenräumen. Sie können unaufdringlich im Hintergrund bleiben, aber oft sind gerade sie es, die zu einem gewissen Flair einer Wohnung, einem guten Gesamteindruck beitragen. Da der Lichtstrahl gewöhnlich nach unten gerichtet ist, wird der Sockel zum Blickfang und erhält die Bedeutung eines eigenständigen dekorativen Elements.

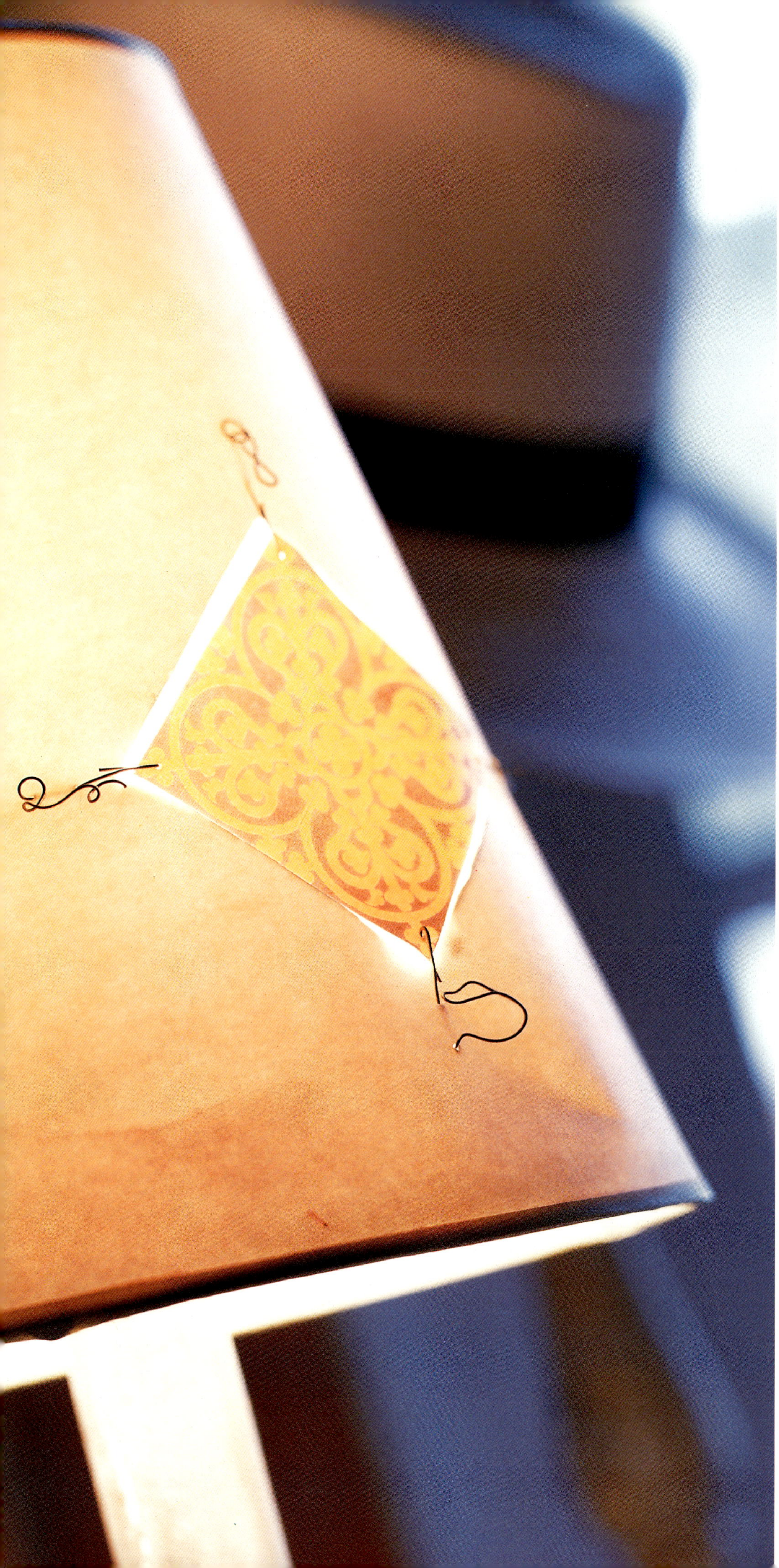

Von links nach rechts: Größe, Form und Material des Leuchtenschirms sind ausschlaggebend für die Lichtqualität. Peter Wyllys innovative Seidenleuchten (Mitte) sprechen den Tastsinn an und verbreiten einen juwelengleichen Schimmer.

Bei der Wahl traditionellerer Formen (links und rechts) ist zu beachten, daß der Schirm auf den Sockel paßt. Je breiter der untere Umfang des Schirms, desto breiter der Lichtschein.

Der traditionelle Leuchtensockel ist als Kerzenhalter, Säule oder Vase gestaltet, häufig im Stil einer bestimmten Epoche. Moderne Versionen zeigen eher abstraktere Formen. Philippe Starcks winzige ›Miss Sissi‹ (rechts) erinnert an die klassische Kaffeehausleuchte, ihr elegantes, nahtlos ineinander übergehendes Design kennzeichnet sie jedoch als zur Moderne gehörig. Schlichte Papierlaternen auf Drahtgestellen sind oft fröhliche und kostengünstige Versionen des vom japanischen Meister Noguchi entworfenen hochpreisigen Originals.

Leuchtensockel gibt es in allen nur erdenklichen Größen, Farben und Materialien, etwa aus Porzellan, Ton, poliertem Metall, Glas und Draht. Häufig wird der Fuß getrennt vom Schirm verkauft. Die Wahl des passenden Sockels für einen Schirm ist zum einen eine Frage von Form und Proportion, zum anderen eine Frage der Ästhetik. Kugelförmige, runde Sockel benötigen breitere, flachere Schirme, so daß ausreichend Licht um den Sockel herum gespendet werden kann, während schlanke Leuchtenfüße mit kleineren, kompakteren Schirmen auskommen. Zu den eher avantgardistischen Schirmen zählen Modelle aus Pelz, Seide oder Samt.

***Links:** Eine Tischleuchte als dekorativer Blickfang unter anderen ausgestellten Objekten – die hell leuchtende Kugel aus Opalglas sitzt auf einem kunstvoll geformten Metallsockel.*

***Rechts:** Philippe Starcks ›Miss Sissi‹ ist der klassischen Kaffeehausleuchte nachempfunden. Aus Kunststoff gefertigt, in zahlreichen Farben erhältlich und vielseitig einsetzbar ist die Leuchte äußerst erfolgreich am Markt.*

Stehleuchten

Die Stehleuchte ähnelt in vieler Hinsicht der Tischleuchte. Bis vor kurzem haftete ihr jedoch der Hauch des Altmodischen an, so daß sie nicht in allzu großer Vielfalt auf dem Markt angeboten wurde.

Der Trend hat sich inzwischen aber wieder gewandelt, und dies aus gutem Grund, denn die Stehleuchte vereint die Vorteile einer auf Augenhöhe befindlichen Lichtquelle mit einer tragbaren, flexibel einsetzbaren Leuchte. Stehleuchten bringen nicht nur Licht an den gewünschten Ort, sie tragen auch dazu bei, die in vielen Wohnungen vorherrschende horizontale Dominanz zu brechen.

Moderne Varianten der klassischen Stehleuchte zeigen einen schlichten, meist durchgehenden Fuß oder schmale Ständer mit Schirmen aus geknautschtem Papier, eiförmigem Glas, organisch oder asymmetrisch geformtem Kunststoff und übergroßen Laternen im Stil des Japaners Noguchi.

Links und rechts: Die klassische Stehleuchte hat ein neues, attraktives Image erhalten. Die mit Quasten und Fransen behangenen, leicht schief auf Messingfüßen sitzenden Seidenschirme gehören der Vergangenheit an. An ihre Stelle traten elegante neue Designs aus Glas, Kunststoff und Papier, die der modernen Ausstattung einer Wohnung besser Rechnung tragen.

Arbeitsplatzleuchten

Was in der Fachsprache als Arbeitsplatzleuchte definiert ist, bezeichnen wir landläufig als Schreibtisch- oder Leseleuchte. Die Wahl einer solchen Leuchte sollte klar im Hinblick auf die ihr zugedachte Aufgabe getroffen werden, denn es handelt sich bei ihr nicht um ein vorrangig dekoratives Element; Arbeitsplatzleuchten sind dazu gedacht, uns bei der Arbeit zu unterstützen.

Sie richten einen Großteil des Lichts unmittelbar dorthin, wo es benötigt wird – auf ein Buch, eine Zeichnung oder eine Tastatur. Das Licht sollte dabei ausschließlich in eine Richtung, nach unten auf die Arbeitsfläche, fallen und nicht seitlich oder oben austreten. So wird eine Blendung durch Reflexion von anderen Oberflächen, z. B. einem Computerbildschirm, vermieden.

Das klassische Arbeitslicht ist die von George Carwardine, einem britischen Kfz-Ingenieur, 1934 entwickelte Leuchte ›Anglepoise‹. Versionen des ursprünglichen Designs werde heute noch gefertigt. Mit ihrem geschweißten Schwenkarm ist die ›Anglepoise‹ gleichzeitig stabil und flexibel, zwei wesentliche Merkmale für eine gute Arbeitsplatzleuchte. Der matte Metallschirm läßt sich in mehrere Richtungen schwenken und in verschiedenen Winkel-

stellungen einrichten, um Blendung zu vermeiden. Erhältlich ist die ›Anglepoise‹ sowohl in Standardausführung mit stabilem Fuß, aber auch – als platzsparende Variante – mit Klemme zur Befestigung an Tischkanten.

Moderne Arbeitsplatzleuchten können entweder mit normalen Glüh- oder mit Halogen- oder Leuchtstofflampen bestückt werden. Meist sind sie mit Schwenkarm, Federmechanismus oder ähnlichen Vorrichtungen ausgestattet, um sie beweglich zu machen. Zu den kostengünstigen Modellen zählen einfache, in vielen Farbvarianten erhältliche Leuchten auf kurzen, flexiblen Halterungen (unten). Sie können jedoch aufgrund mangelnder Höhe Probleme verursachen, da die Schattenbildung zu stark und die Lichtstreuung zu gering ist. Kostenintensiver sind elegante Klassiker wie die › Bestlite ‹ oder die von Richard Sapper entwickelte › Tizio ‹ (gegenüberliegende Seite).

Noch einen weiten Schritt von der modernen, funktionalen Ästhetik entfernt liegen die traditionellen Schreibtischleuchten, wie die altmodische Banker-Leuchte mit ihrem gebogenen Schirm aus grünem Glas und ihrem Fuß aus Messing. Diese eher dekorative als praktische Leuchte erinnert heute irgendwie an die Ordnung und Solidität von Bibliotheken und Amtsstuben.

Oben links: Arbeitsplatzleuchten zeigen ein eher funktionales, schlichtes Design. Diese kleine Schreibtischleuchte wirft ein konzentriertes Lichtbündel auf die Computertastatur.

Oben Mitte: Wenn Licht unmittelbar auf der Arbeitsfläche benötigt wird, ist es von Vorteil, daß es zielgerecht ausgerichtet werden kann. Die von Richard Sapper im Jahre 1972 für Artemide entwickelte klassische Schreibtischleuchte ›Tizio‹ hat zu diesem Zweck einen freitragenden Arm, während andere Modelle mit einem Federmechanismus ausgestattet sind.

Oben rechts: Viele Lese- und Schreibtischleuchten verfügen über flexible Arme, die sich in die gewünschte Position ziehen lassen; in der Regel kann der kleine Leuchtenkopf in alle Richtungen geschwenkt werden. Ein Beispiel dieser Art ist die von Riccardo Blumer 1991 für Artemide entworfene ›Cricket Tavolo‹.

Links: Mini-Schreibtischleuchte mit abgeflachtem, dreieckigem Kopf, der einen weiten Lichtbogen wirft.

Rechts: Einfache Grundform mit stabilem Fuß und schwenkbaren Metallarmen.

Antike Leuchten

Oben, links und Mitte: Historische Designs wie ›Bestlite‹ (oben links) sind von einer unauffälligen Eleganz, die selten übertroffen wurde.

Rechts: Diese schöne italienische Wandleuchte stammt aus der Mitte des 19. Jahrhunderts. Alte Kandelaber und Wandleuchten mit Kerzen können übrigens für elektrischen Betrieb umgerüstet werden, sind in ihrem Originalzustand aber bedeutend reizvoller.

Da es elektrisches Licht bereits seit über hundert Jahren gibt, werden die frühen Leuchtenformen schon seit längerem als Antiquitäten gehandelt. Es versteht sich von selbst, daß die schönsten davon sehr teure und begehrte Sammlerstücke sind; viele davon stehen sogar im Museum.

Die berühmtesten frühen Leuchtendesigner sind der Amerikaner Louis Tiffany und der Franzose Emile Gallé, die beide kunstvolle Leuchten im Stil des Art nouveau gestalteten. Der Name Tiffany wird heute als Synonym für alle Leuchten oder Lampenschirme benutzt, die aus dem charakteristischen Mosaik bleigefaßter farbiger Opalglasteile bestehen. Die originalen Tiffany-Leuchten sind anspruchsvolle Kunstwerke. Mittlerweile gibt es ein breites Angebot an Nachahmungen mit großen Qualitätsunterschieden.

Die Werke einiger Leuchtendesigner wie Charles Rennie Mackintosh sind heute in einer lizensierten Ausgabe erhältlich, die die Originaltreue des Designs garantiert. Auch berühmte Architekten wie Frank Lloyd Wright entwarfen Leuchten, von denen einige noch immer im Originaldesign hergestellt werden. Leuchten mit weniger wertvollen Designs könnte man eher als nostalgisch denn als antik bezeichnen. Das Angebot reicht von Leuchtensockeln aus den 30er Jahren in Form sinnlich hingestreckter weiblicher Figuren bis zu Kitschprodukten der Nachkriegszeit. Zu erstehen sind solche Beleuchtungskörper in Trödelläden oder Antiquitätengeschäften. Oft findet man auch bei Verkäufen aus Abbruchhäusern glanzvolle Hänge- und Kugelleuchten, die einst Hotelfoyers, Krankenhäuser, Schulen oder Kinos zierten.

Antike Leuchten geben jeder Einrichtung eine besondere Note. Sie sollten sich beim Kauf jedoch vergewissern, daß die Leuchte noch sicher betrieben werden kann. Übernimmt der Händler keine Garantie, lassen Sie von einem Fachmann die Kabel überprüfen, und fragen Sie, ob die Leuchte auch für moderne Glühbirnen geeignet ist.

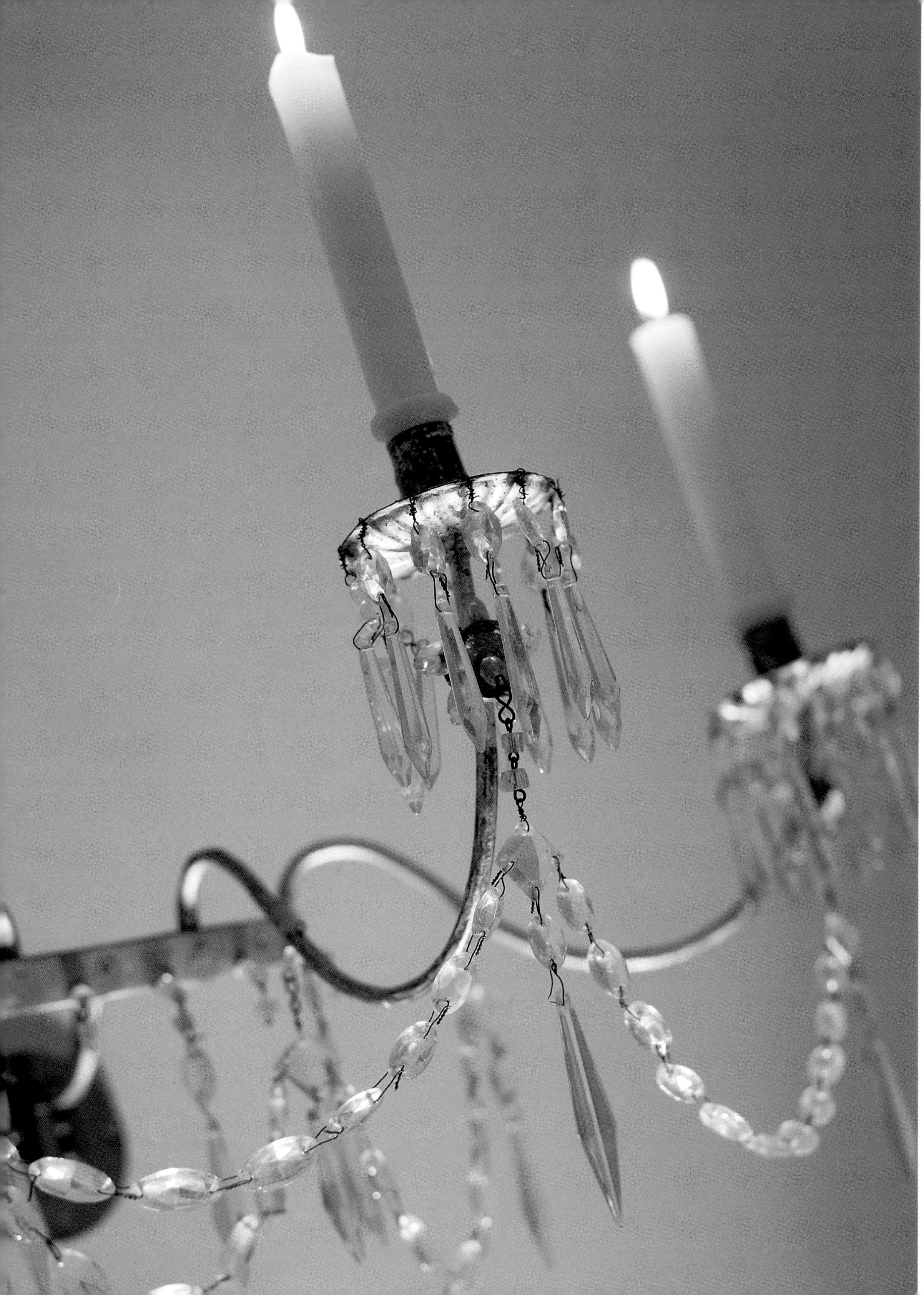

Links: Der innovative und anerkannte Designer Ingo Maurer hat einige der phantasievollsten zeitgenössischen Leuchten geschaffen. Diese Glühbirne in der Glühbirne (›Bulb‹) ist eine Hommage an Thomas Edison.

Unten: Durchscheinende Keramik-›Iglus‹ auf einfachen Tellern sind ein wunderschönes, sanftes Nachtlicht. Durch das Loch oben und den Streifen am Teller fällt zusätzlich Licht.

Dekorative Leuchten

Ob skurril, skulpturenhaft oder spielerisch – dekorative Beleuchtung ist nur zum Vergnügen da. Vergessen Sie die Funktion, diese Leuchten beleuchten hauptsächlich sich selbst. Sie stellen die spielerische Variante der Beleuchtung dar und weisen bei minimaler Nützlichkeit ein Maximum an Zierde auf.

Kleine, perlenbehängte Leuchten funkeln wie Juwelen, seltsame organische Formen aus Harz glühen wie beleuchtete Pilze, und wackelige, seidenverhüllte Strukturen erscheinen wie eine kalligraphische Arbeit aus Licht. Es gibt Leuchten in Form von Insekten und anderen Tieren, in Form von Raketen, Robotern oder sogar Blumen – aber auch Vasen mit Plastiktulpen, die von innen beleuchtet werden. Die Wiedergeburt der 60er und 70er Jahre ließ die Lava-Leuchte mit ihren perlenden Farbblasen wieder aufkommen. Seriöser erscheinen Leuchten, die, angeschaltet, bemerkenswerte Licht-Schatten-Skulpturen erschaffen.

Auch eine einfache Lichterkette kann sehr dekorativ sein. Die meisten Leute verbinden Lichterketten zwar mit Weihnachten, doch man kann mit ihnen zu allen Jahreszeiten eindrucksvolle

Mitte links und rechts: Festlich wirken die Girlanden kleiner Lämpchen mit selbstgebastelten Miniatur-Schirmen aus Papier (rechts) oder Stoff (links). Sie spenden zwar nur schwaches Licht, verbreiten dafür aber um so mehr Charme und Atmosphäre.

Links: Diese Lichttafel aus kleinen bunten Lampen wird von hinten durch zwei Leuchtstoffröhren angestrahlt.

Unten: Ingo Maurers witzige und berühmte Leuchte ›Lucellino‹ besteht aus einer Glühbirne, die über einen dünnen Draht und ein knallrotes Kabel mit dem Messingfuß verbunden ist. Die Flügel werden von Hand aus Gänsefedern gefertigt.

Effekte erzielen. Die winzigen Lampen strahlen wenig Hitze ab und eignen sich hervorragend, um Kaminsimse, Spiegel oder Bilderrahmen zu betonen. Ein Künstler kreierte gar einen Sofatisch aus einem flachen Tablett unter Glas, auf dem eine Lichterkette liegt. Weniger stilisiert, einfach in einen Glasbehälter oder eine Vase gelegt, setzen Lichterketten ebenfalls wunderschöne Lichtakzente. Für den Außenbereich sollten Sie die wetterfeste Variante der Lichterketten verwenden und sie mit einem Überlastungsschalter versehen. Ebenso einfach, aber wirkungsvoll sind Ketten aus Glühbirnen in verschiedenen Farben, die auf Gartenpartys für stimmungsvolles Licht sorgen.

Vor allem für Kinder ist dekoratives Licht unwiderstehlich. Lichterkarussells, die beim Drehen Bilder von Figuren, Planeten oder Sternen an die Wand werfen, machen aus dem Nachtlicht ein interessantes Schauspiel. Einen ähnlichen Reiz üben von innen beleuchtete Keramik- oder Glasfiguren aus.

Da kunstvolle Leuchten normalerweise wenig Licht abgeben, braucht man einen dunkleren Hintergrund, um sie zur Geltung zu bringen. In einer hellerleuchteten Umgebung oder bei Tageslicht verlieren sie ihren Reiz. Auch wenn die Lichtausbeute bei diesen Leuchten nicht sehr groß ist, in jedem Haushalt sollte es mindestens eine lebensfrohe, künstlerische Leuchte geben.

Das richtige Licht

Gelungene Beleuchtung hängt zum einen davon ab, wie Sie mit den Charakteristiken der einzelnen Leuchtmittel und dem großen Angebot an Leuchten zurechtkommen. Doch letztendlich ist ausschlaggebend, in welcher Umgebung die Beleuchtung gebraucht wird.

Man kann sich nicht für eine Leuchte entscheiden, bevor man weiß, was man beleuchten will – einen kompletten Raum, nur einen Arbeitsbereich, ein dekoratives Objekt oder einen unübersichtlichen Treppenaufgang? Vorab sollte ein gut ausgeklügelter Lichtplan erstellt werden. Es ist entmutigend, wenn man nach der Renovierung feststellt, daß man Wandhalterungen oder Aussparungen für Leuchten bräuchte oder man eine Leuchte nicht dort einstecken kann, wo man sie benötigt. Nachträglich Löcher zu bohren und Stromkabel unter Putz zu legen ist manchem zu aufwendig.

In einer perfekten Welt wären wir alle fähige Innenarchitekten, die sich mit wunderschönen, noch leeren Räumen beschäftigen und ihre Pläne konsequent bis zu Ende durchziehen. In der Realität lernen wir jedoch mehr aus früheren Fehlern, bemerken Probleme erst, nachdem sie auftraten. Und meist können wir auch nicht frei planen, sondern befassen uns mit Räumen, die unseren Geschmack und Bedarf nur zum Teil befriedigen. In diesem Fall sollten wir uns daran erinnern, daß eine neue Beleuchtung die Raumqualität radikal verbessern kann. Die Versuchung, sich mit dem Vorhandenen abzufinden, mag groß sein, aber denken Sie daran: Die Beleuchtung zu ändern, ist billiger, als ein neues Sofa zu kaufen, und erfordert weniger Aufwand als das Verlegen eines Teppichs. Bevor Sie jedoch ein neues Beleuchtungssystem wählen oder planen, sehen Sie sich die Seiten 172–175 an. Dort erfahren Sie, wie Sie Ihren persönlichen Lichtbedarf errechnen.

Je nach ihrer Funktion kann Beleuchtung in vier Kategorien unterteilt werden: Umgebungslicht, Arbeitslicht, Objektbeleuchtung und Sicherheitsbeleuchtung. In einem Haus gibt es nur wenige Räume, für die eine einzelne Lichtquelle ausreicht, aber um so mehr, für die man eine Kombination der verschiedenen Typen braucht. Bei der Einrichtung ist es vielleicht möglich, wenn auch etwas eintönig, dasselbe Schema auf die gesamte Wohnung anzuwenden, doch es gibt kein Beleuchtungssystem, das jedem Anspruch und Zweck genügt. Für jeden Raum müssen Sie die Beleuchtung einzeln planen.

Beleuchtungsarten

In verschiedenen Bereichen verschiedener Räume Ihres Zuhauses finden verschiedene Aktivitäten statt, und für jede davon braucht man eine andere Beleuchtung. Um sicherzugehen, daß die Beleuchtung eines Raumes allen Anforderungen entspricht, teilen Lichtplaner Beleuchtung in vier verschiedene Kategorien ein: Licht für Umgebung, Arbeit, Objekt und Information. Erfolgreiche Lichtsysteme werden immer aus einer Kombination dieser vier Typen bestehen. Nur so läßt sich ein Interieur schaffen, wo Funktionalität gepaart ist mit einer reichen visuellen Erfahrung.

Gute Beleuchtung heißt nicht, hier und dort zusätzlich eine Steh- oder Tischleuchte anzubringen, oder den Lampenschirm im Flur auszutauschen. So etwas kann vorteilhaft sein, aber ein gut durchdachter, konsequenter Lichtplan sollte alle Charakteristiken eines Raumes berücksichtigen und alle vier Lichttypen miteinbeziehen. Die meisten Räume im Haus benötigen aufgrund der Vielzahl der Funktionen, die sie erfüllen müssen, komplexe, aber auch flexible Lichtsysteme, die zudem mit einem Gespür für Ästhetik und Stil gepaart sein müssen. Nur einige Bereiche, hauptsächlich Arbeitsräume wie Hobbyräume, Garagen, Vorrats- oder Hauswirtschaftsräume, mögen mit nur einer Lichtart effektiv ausgeleuchtet sein.

Gute Beleuchtungssysteme sollten auch die einzelnen Bereiche im Haus miteinander verbinden. Plötzliche Helligkeitswechsel können desorientierend und gefährlich sein, etwa wenn Sie im Flur geblendet werden oder in einem Nebenraum plötzlich im relativ Dunklen stehen. Letztendlich ist es sehr wichtig, ein Gleichgewicht zwischen dekorativem und effektivem Licht zu schaffen, um ein Gefühl von Einheit zu erhalten.

***Oben:** Die kleine Tischleuchte aus gebürstetem Aluminium ist nur für eine 25-Watt-Birne ausgelegt. Sie spendet zwar etwas Licht, ist aber hauptsächlich ein Blickfang.*

***Links:** Ein Aluminiumspot, an einem Ziehharmonikaarm über einem Küchenregal angebracht, verteilt (da er verstellbar ist) blendfreies Licht auf alle Bereiche der Arbeitsplatte.*

Umgebungslicht

Umgebungslicht wird auch als allgemeines Licht, Raumlicht oder Hintergrundlicht bezeichnet. Es ist der direkte Ersatz oder die Ergänzung zu Tageslicht. Normalerweise kommt es aus Leuchten, die Licht über Flächen wie Decke oder Wände verteilen oder die ihr Licht in alle Richtungen abgeben. Gleichzeitig wird das Umgebungslicht aber auch als die Summe allen Lichts in einem Raum definiert. Mehrere Arbeitsplatzleuchten können z. B. die Helligkeit eines Raumes so erhöhen, daß sie zusammen ausreichendes Umgebungslicht spenden.

Damit in einem Raum Atmosphäre aufkommt, muß Umgebungslicht mit Lichtquellen kombiniert werden, die ein Objekt betonen oder bestimmte Bereiche beleuchten. Nur so können stimmungsvolle Kontraste von Licht und Schatten entstehen. Umgebungslicht allein wirkt meist fad und langweilig.

***Rechts und unten rechts:** Gutes Umgebungslicht basiert auf verschiedenen Lichtquellen; rechts wurden z. B. Hängeleuchten mit Stehleuchten, unten eingelassene Deckenstrahler mit versteckten Lichtschienen kombiniert.*

***Oben:** Leuchtstoffröhren, die in einen schmalen Spalt in der Wand eingelassen sind, verbreiten Hintergrundlicht auf ungewöhnliche, aber sehr effektive Weise.*

***Ganz rechts:** Eine Baustellenleuchte an der Wand unterstützt zusammen mit zwei Hängeleuchten und mehreren kleinen akzentuierenden Leuchten das Tageslicht, das durch die großen Fenster strömt.*

Arbeitslicht

Eine gute Arbeits- oder Bereichsbeleuchtung stellt uns effizientes und angenehmes Licht für bestimmte Zwecke oder Aktivitäten bereit. Arbeitsplatzleuchten reichen vom Leselicht über dem Schreibtisch bis zum Strahler über der Arbeitsplatte in der Küche. Die richtige Positionierung ist wichtig, zudem sollte das Leuchtmittel verdeckt sein, um Blendung zu vermeiden.

Neben seinem zielgerichteten, praktischen Nutzen kann Arbeitslicht gleichzeitig auch das notwendige Umgebungslicht spenden: Eine Tischleuchte am Bett gibt zum einen genug Licht zum Lesen, zum anderen sanftes Hintergrundlicht. Im allgemeinen jedoch fällt Bereichslicht in einem hellen Strahl und tendiert dazu, allein angewandt, sehr scharfe Licht- und Schattenkontraste zu bilden.

Oben: Jede dieser Wandleuchten vom Typ ›Bestlite‹, hier als Nachttischleuchten verwendet, kann durch einen Dimmer geregelt werden. Diese vielseitige und praktische Einrichtung erlaubt feine Lichtabstimmungen im Schlafzimmer. So kann ein Partner lesen, während der andere schläft.

Oben links: Kleine Strahler, unauffällig unter Hängeschränken in der Küche angebracht, werfen genügend Licht auf die Arbeitsflächen.

Links: Eine Schreibtischleuchte sollte so stehen, daß ihr Licht direkt auf das Papier oder die Tastatur fällt, bei Rechtshändern am besten von rechts, bei Linkshändern umgekehrt. Um ermüdende Kontraste zu vermeiden, ist etwas Hintergrundlicht ratsam. Diesen Zweck erfüllt hier eine verdeckte Lichtquelle hinter einem Rollo auf Bodenhöhe.

Objektbeleuchtung

Objektbeleuchtung, auch punktuelle Beleuchtung genannt, richtet schwache Lichtstrahlen auf einzelne dekorative Teile der Einrichtung, beispielsweise auf die Glassammlung, eine Skulptur, ein Bild, ein Architekturdetail. Normalerweise werden Spotlights unterschiedlicher Strahlstärke als akzentuierende Leuchten verwendet, doch haben andere Arten von Richtstrahlern den gleichen Effekt. Ein am Boden angebrachter Strahler hinter einer großen Blattpflanze wirft interessante Schatten an Wände und Decke. Punktuelle Beleuchtung sollte unauffällig und relativ schwach sein. Es gilt, die Aufmerksamkeit auf das beleuchtete Objekt zu lenken, nicht auf das Licht selbst.

***Rechts:** Ein gebogener Durchgang in einem Flur wird durch versteckte Strahler in der Decke zu einem eindrucksvollen Raumabschnitt.*

***Unten:** Muster, Farbe und Struktur von Lampenschirmen erscheinen intensiver, wenn das Licht angeschaltet ist.*

Auch dekorative Beleuchtung fällt unter diese Kategorie, also die Leuchten, die lediglich hell genug sind, um sich selbst zu beleuchten. Sollten sie die Umgebung etwas erhellen, so ist das ein angenehmer Nebeneffekt. Die warmen, schmeichelhaften, wenn auch schwachen Lichtquellen Feuer und Kerzen gehören mit dazu. In diesem Fall ist das Licht selbst der Blickfang.

Lichtakzente sind ungemein eindrucksvoll, attraktiv, charaktervoll und atmosphärisch. Sie sind eine wichtige ästhetische und stilvolle Ergänzung für jedes Beleuchtungsschema.

Unten: Interessante Objekte von hinten anzuleuchten, gibt dem Interieur etwas Geheimnisvolles. Punktuelle Beleuchtung bedient sich oft der Techniken aus dem Theater.

Sicherheitsbeleuchtung

Sicherheitsleuchten lassen uns sicher unseren Weg finden oder entscheidende Hinweise erkennen. Dazu gehört das Licht im Kleider- oder Kühlschrank, über der Türklingel oder neben der Eingangstür ebenso wie das Gartenlicht, das durch Bewegungsmelder angeschaltet wird. Sicherheitsbeleuchtung kann aber auch zur effektvollen Betonung der Architektur eingesetzt werden. So können auf Fußhöhe montierte Strahler in Fluren oder Treppenaufgängen aufregende Lichtwege erzeugen.

Oben links: In Bodennähe eingelassene Strahler beleuchten einen gefährlichen Treppenabsatz.

Oben: Diese Lichterstrecke lenkt den Besucher zum Eingang, gleichzeitig macht sie die Auffahrt sicherer.

Rechts: Mehrere wandmontierte Strahler sind so ausgerichtet, daß sie jede Stufe der Treppe sicher beleuchten.

Links: In einem winzigen Innenhof erhellen Wandleuchten einen großen Spiegel, der den Hof größer erscheinen läßt.

Das optische Erscheinungsbild einer Leuchte ist vielleicht nicht der wichtigste Faktor für gute Beleuchtung. Dennoch ist es keineswegs unwichtig. Von der Möblierung bis zu den Kissenbezügen, von der Tapete bis zu den Vorhängen – mit unserer Einrichtung drücken wir Stil, Geschmack und Individualität aus. Licht erfüllt zwar vorrangig einen bestimmten Zweck, doch sollte es auch zum dekorativen Charakter der Wohnung beitragen. Und wie jedes andere dekorative Element bietet Licht eine gute Gelegenheit, das kreative Potential von Farbe, Material und Form auszuschöpfen.

Lichtgestaltung

Hinsichtlich ihres Stils können Leuchten heute entweder als traditionell oder modern eingestuft werden. Traditionelle Leuchten greifen in ihrem Design frühere Formen der künstlichen Beleuchtung auf, z. B. Kerzen, Gaslichter oder Öllampen. Ihr dekoratives Element ist oft ein Nostalgisches. Moderne Lampendesigns reichen von dezenten, rein funktional ausgerichteten Modellen bis zu verspielten, fliegenden, äußerst auffallenden, skulpturähnlichen Formen ohne stilistische Vorgänger. Innerhalb beider Stilrichtungen hat man die Wahl zwischen vielen Farben, Materialien, Größen und Formen.

Traditionelle Leuchten sind eher in älteren Wohnungen zu finden, während modernes Design mehr in zeitgenössisch eingerichteten Wohnungen vorkommt. Die meisten von uns werden offensichtliche Anachronismen vermeiden und in einer an sich schlichten und modernen Einrichtung keine fransengeschmückten Wandleuchten anbringen. Ebenso wird man kaum die auffällige Technik von Halogensystemen und modernen Spotlights in einer traditionellen Umgebung bevorzugen. Doch Regeln sind dazu da, gebrochen zu werden. Man kann mit Licht auch effektvolle Kontraste erzielen. In einem schlichten Raum mit minimaler Möblierung mag eine traditionelle Leuchte, wie z. B. ein Kandelaber, ein attraktiver Blickfang sein. Ähnlich können versteckt angebrachte moderne Leuchten in traditionellen Interieurs für neue Lichtqualität sorgen.

Wenn Licht stilistisch auf den Rest der Raumdekoration abgestimmt ist, wird ein Gefühl von Einheit und Zusammengehörigkeit erzeugt. Andererseits können stilistische Kontraste lebendige Akzente setzen. Um sowohl lähmende Eintönigkeit als auch Hektik zu vermeiden, brauchen Sie etwas von beidem.

***Oben:** Einem Interieur mit antiker Möblierung und Dekoration verleihen Kerzenleuchter eine authentische historische Atmosphäre.*

***Links:** Eine zierliche Tischleuchte mit Papierschirm bringt einen Hauch Eleganz und Vornehmheit in die Wohnung.*

Die Farbe einer Leuchte: Leuchtenfüße und -schirme passend zu der Farbe, die die Umgebung beherrscht, ergeben einen beruhigenden und ausgewogenen Eindruck. Da die Wände jedoch öfter mal neu gestrichen werden, ist es besser, einige neutral gehaltene Leuchten mit nur einer oder zwei in auffälliger Farbe zu kombinieren.

Das Material: In einem Raum mit viel Stoff und weichen Möbeln können Leuchtenschirme, -ständer oder -füße aus hartem, glänzendem oder reflektierendem Material wie Porzellan, Glas oder Metall durchaus interessante Akzente setzen. Natürliche, rohere Materialien wie Papier, Holz und Keramik wirken besser in einfachen oder ländlich eingerichteten Räumen.

Größe und Form: Leuchten auf dünnen Draht- oder geschwungenen Metallgestellen vermitteln oft einen grazilen, eleganten bis spielerischen Eindruck. Große Sockel, Schirme oder übergroße Scheinwerfer verursachen dagegen eine dramatische Stimmung. Kleine, kostbare Lämpchen machen versteckte Winkel zu intimen Bereichen. Das Spiel mit Kontrasten in Form und Größe erzeugt ein Überraschungsmoment, zeigt Ideenreichtum und Witz. So verhindert man, daß ein Interieur zu langweilig und vorhersehbar erscheint.

Die Grundregeln einer guten Beleuchtung, die auf den Seiten 29–43 besprochen wurden, gelten für das ganze Interieur eines Hauses. Es empfiehlt sich, sich diese Prinzipien vor der weiteren Lektüre noch einmal zu vergegenwärtigen. Und behalten Sie die Funktionen im Auge, die die einzelnen Räume erfüllen müssen.

***Oben rechts:** Das samtene Licht ergibt sich aus der Kombination einer einfachen Tischleuchte mit einem von hinten angestrahlten weißen Stoff, der über einen Metallrahmen gespannt wurde.*

***Oben Mitte:** Der durchscheinende weiße Schirm und der vasenförmige Fuß dieser traditionellen Leuchte rücken die Dekoration mit den weißen Blumen ins rechte Licht.*

***Oben ganz rechts:** Dieser dunklere, undurchsichtigere Schirm verteilt das Licht mehr nach unten zum Fuß der Leuchte.*

***Rechts:** Der Platz am Fenster wirkt durch ein an der Wand angebrachtes Leselicht noch einladender.*

***Mitte:** Form und Farbe des Schirms im japanischen Stil bewirken eine Konzentration des Lichts nach unten.*

***Ganz rechts:** Eine Leseleuchte an einem Schwenkarm bietet variable Beleuchtung am Bett.*

Flur- und Treppenbeleuchtung

Oben, von links nach rechts: Wandstrahler in Bodennähe sind eine seltene, aber sehr praktische Art, Dielen, Treppen und andere Übergangsräume zu beleuchten. Deckenstrahler (Mitte) sind da sinnvoll, wo kein flexibles System benötigt wird.

Der Eingang zu Ihrem Zuhause ist die Visitenkarte dessen, was folgt, hier begrüßt und verabschiedet man Gäste. Diele oder Flur sind Mittler zwischen drinnen und draußen, gleichzeitig verbinden sie die unterschiedlichen Räume eines Hauses oder einer Wohnung. In den meisten Wohnungen muß man sie jedesmal durchqueren, um irgendwo anders hin zu gelangen. Licht ist der Schlüssel zur Gestaltung dieses Übergangsraums und erleichtert den Schritt von der Öffentlichkeit der Straße in die Privatheit des Zuhauses.

Der Flur ist eigentlich kein Raum, in dem wir viel Zeit verbringen, und er ist auch selten so angelegt. Die meisten Flure sind lang und schmal, mit wenigen eigenen Merkmalen. Oft gibt es nur wenig oder keinen Platz für Möbel, aber die Wände bieten sich zur Präsentation an. All dies bedeutet auch bestimmte Einschränkungen bei der Beleuchtung. Gleichzeitig kann man schmalen Fluren jedoch mit Licht Charakter und eine eigene Note verleihen.

Links: Einfache Wandleuchten, deren Licht zusätzlich von dem weiß lackierten Holz und dem glänzenden Fußboden reflektiert wird, sorgen für gutes Raumlicht in der Diele. Die antike Deckenleuchte verleiht eine dekorative Note.

Rechts: Auf Treppen besteht immer die Gefahr, von niedrig hängenden Pendel- und Wandleuchten beim Hinauf- und Hinuntergehen geblendet zu werden. Dies vermeiden unauffällige, aber effektive in Bodennähe eingebaute Strahler.

Oben: Der Effekt von Licht wird im Vergleich dieser Tag- und Nachtansichten deutlich. Bei Tag verschwimmt im verglasten Gang die Grenze zwischen Innen- und Außenräumen, und Tageslicht dringt bis tief ins Haus. Nachts wird die ganze Fensterseite zum Lichtpaneel und bildet einen wirkungsvollen Hintergrund für Innenhof und Garten.

In einem Flur sind vor allem Decken- und Wandleuchten sinnvoll. Deckenmontierte Strahler betonen den Weg von der Haustür zum Rest der Wohnung; nach oben gerichtete Wandleuchten vermitteln architektonische Eleganz und erinnern an Theaterbeleuchtung. Wenn der Flur als Präsentationsort für Bilder dient, können Spotlights oder Lichtschienen die Aufmerksamkeit darauf lenken. Ist der Flur breit genug, so wirkt eine kleine Leuchte auf einem schmalen Tisch oder Regal am Eingang sehr gastlich. Pendelleuchten, wenn sie nicht zu tief hängen, sind ebenfalls eine gute Beleuchtungsmöglicheit, vor allem, wenn sie dekorativ sind. Der Lauf einer Treppe kann durch ein auffälliges Stück wie einen Kandelaber oder eine farbige Glasleuchte akzentuiert werden. Sie sollten jedoch darauf achten, daß das Licht von oben genauso gut aussieht wie von unten, denn beim Herabsteigen bekommt man die Oberseite zu sehen.

Für Treppenläufe eignen sich sowohl Hänge- als auch Wandleuchten. Das Licht von oben betont die Stufen der Treppe und verringert die Gefahr zu stolpern. Einheitlichkeit wird durch

gleiche Beleuchtungskörper auf der Treppe und in der Diele erreicht. Winzige Strahler, im Wandsockel oder in die Treppenstufen eingelassen, sehen sehr modern aus und schaffen einen beleuchteten Weg, der die Architektur des Hauses hervorhebt.

Nutzen Sie das Tageslicht optimal aus. Oberlichter oder Glastüren, innen und außen, helfen, das Licht von den helleren in die dunkleren, weiter innen liegenden Räume zu bringen. Malerische, ja magische Effekte erzielt man mit Fenstern aus farbigem oder geschliffenem Glas, und ein Dachfenster am Ende der Treppe erzeugt das Gefühl von Weite und Luftigkeit. Ein strategisch günstig plazierter Spiegel sorgt für zusätzliche Tiefe des Raums und vervielfacht das vorhandene Licht.

Bei der Ausleuchtung von Fluren und Treppen muß man einige praktische Punkte beachten: Ein Lichtschalter an der Eingangstür verhindert, daß Sie ein dunkles Haus betreten. Gleichermaßen sollten Schalter auf jedem Treppenabsatz angebracht sein. Vermeiden Sie Gefahrenquellen wie lose Kabel, die jemanden zum Stolpern bringen. In engen Fluren werden Stehleuchten zu Hindernissen, Tischleuchten können von Vorbeigehenden umgestoßen werden. Zudem sollte man Blendung durch zu niedrig hängende Leuchten vermeiden, schwenkbare Lichter müssen so ausgerichtet sein, daß sie niemanden blenden. Schließlich können Sie noch Dimmer anbringen, um das künstliche Licht dem Tageslicht anzupassen und dem Auge den Übergang von drinnen nach draußen zu erleichtern.

Wohnzimmerbeleuchtung

Für Lichtplaner, ob Amateure oder Profis, stellt das Wohnzimmer die größte Herausforderung dar. Da dieser Raum sowohl der Entspannung als auch der Ausübung bestimmter Aktivitäten dient, ist das Wohnzimmer im modernen Haushalt im Grunde ein multifunktionaler Raum. Gleichzeitig wollen wir hier, wie in keinem anderen Raum, unser stilistisches und dekoratives Gespür beweisen. Das Wohnzimmer muß gut genug aussehen, um die Nachbarn zu beeindrucken oder zumindest unsere eigene Sehnsucht nach persönlichem Ausdruck befriedigen. Um Stil kommt man in diesem Raum nicht herum.

Fernsehen, lesen, Musik hören, sich mit Freunden unterhalten, all dies findet normalerweise im Wohnzimmer statt. Doch in vielen Haushalten ist das Wohnzimmer auch der Raum, in dem die Kinder spielen oder Hausaufgaben machen, wo man seinen

***Rechts und unten:** Zimmer mit Aussicht. Tageslicht fördert das Wohlbefinden, ist immer anders und ungeheuer reizvoll. Die riesigen vorhanglosen Fenster zu zwei Seiten dieser Wohnung in Manhattan überfluten das Wohnzimmer geradezu mit Licht und bieten verschiedene Aussichten auf eine der aufregendsten Stadtlandschaften.*

Hobbys oder ernsthafteren Aufgaben nachgeht, und sehr oft ist im Wohnzimmer auch eine Eßecke eingerichtet. Um all diesen Aktivitäten gerecht zu werden, muß die Beleuchtung äußerst funktionell und flexibel sein.

Trotzdem sollte man die Ästhetik nicht außer acht lassen. Die Beleuchtung eines Wohnzimmers sollte so geplant sein, daß sie die vorhandenen Raumqualitäten und den Dekorationsstil ergänzt. Objekte und Bilder können akzentuiert, architektonische Merkmale sowie dominante Farben oder Materialien durch das passende Licht betont werden.

Diese beiden Aspekte, den praktischen und den ästhetischen, zu verbinden, erfordert eine besonders sensible Beleuchtungsplanung: Gemütliches, nützliches und akzentuierendes Licht ist gefragt. Aber flexibel sollte es auch sein. Denn Lebensstil und Interessen der Bewohner ändern sich, und damit auch die Funktionen, die das Wohnzimmer erfüllen muß. Ebenso kann sich der Geschmack ändern. Am besten vermeidet man feste oder unflexible Beleuchtungsarten wie Hängeleuchten, da sie spätere Veränderungen im Raum unnötig erschweren. Steh- und Tischleuchten sowie freistehende Deckenfluter können bei Bedarf verstellt werden, zudem erzeugen sie ein atmosphärisch schöneres Licht. Auch bewegliche Strahler in einer Schiene sind zu empfehlen. Wer dennoch eine fest installierte Leuchte haben möchte, plaziert sie in einem Bereich, der voraussichtlich nicht verändert wird. Wandleuchten befestigt man besser in Nischen oder neben einem Kamin als rechts und links vom Sofa, das man möglicherweise später verrücken will.

Tisch- und Stehleuchten wirken in Wohnzimmern besonders gut. Sie tauchen Sitzgruppen in intimes Licht und verursachen Bewegung zwischen den einzelnen beleuchteten Bereichen eines Raums. In verschiedenen Höhen aufgestellte Leuchten lockern auch die streng horizontale Ausrichtung der Möbel auf. Außerdem ist die Familie der Steh- und Tischleuchten stilistisch so vielfältig, daß sich Design und Farbe der Leuchten problemlos dem Dekorationsstil jedes Zimmers angleichen lassen.

In vielen Wohnzimmern stellt eine Hänge- oder Pendelleuchte in der Mitte der Decke ein Problem dar. In Altbauwohnungen, in denen der Anschluß mit einem Stuckornament verziert ist, sieht es jedoch merkwürdig aus, wenn dort keine Leuchte hängt. Als Lösung bietet sich hier die Installation einer dekorativen Leuchte mit geringer Wattzahl an, die nicht so ins Auge fällt. Alternativ kann man das Kabel verlängern und die Leuchte entweder über einen Sofatisch hängen oder sie in einem ganz anderen Teil des Raumes anbringen.

Die Beleuchtung des Wohnzimmers sollte auch die Qualität des Raums an sich betonen und dazu beitragen, weniger schöne Merkmale zurücktreten zu lassen. Für kleine Räume eignen sich Deckenfluter, um durch das Streulicht von Wänden und Decke das Gefühl von Geräumigkeit zu erwecken. Dieser Eindruck kann noch verstärkt werden, indem man die Möbel nicht direkt an die Wand stellt, sondern Strahler dahinter installiert. Falls sich an der Decke interessante architektonische Details wie Balken oder Stuckornamente befinden, werden diese ebenfalls ins rechte Licht gerückt.

Andererseits können Deckenfluter einen großen Raum höhlenartig wirken lassen. Daher sollte man dort auf Lichteffekte durch mehrere gut plazierte Leuchten und verstellbare Spots setzen, die den Raum als eine Reihe miteinander verbundener Bereiche erscheinen lassen.

Das Wohnzimmer ist der ideale Platz für dekorative Leuchten, und dies ist in modernen Umgebungen, in denen Beleuchtung oft versteckt wird, besonders wichtig. Ohne den gemütlichen Touch etwa einer Tischleuchte kann auch das durchgestylteste Wohnzimmer sehr streng wirken. Licht von Feuer und Kerzen erweitert es um eine fast geistige Dimension, schöne Leuchten ziehen die Aufmerksamkeit auf sich, und einzelne helle Lichtpunkte durch kleine Strahler erzeugen ein Gefühl der Lebendigkeit.

Oben ganz links: Die Beleuchtung des Wohnzimmers sollte variabel genug sein, um sie verschiedenen Stimmungen und Aktivitäten anpassen zu können. Hier wurden dezente, in die Decke eingelassene kleine Strahler mit auffälligeren Wandleuchten kombiniert, die zusammen ein gutes Umgebungslicht schaffen.

Oben links und rechts: Tisch- und Stehleuchten sollten in jedem Wohnzimmer zusätzlich für kleinere, intimere Lichtbereiche sorgen.

Links: Zwei identische Wandleuchten mit beweglichen Messingarmen ergänzen das Tageslicht auf beiden Seiten des breiten Fenstersitzes.

Rechts: Die kleinen, geflochtenen Schirme der Leuchten auf dem Kamin werfen reizvolle Schatten an die Wand, die das flackernde Licht des Feuers geradezu imitieren.

Unten: Die oft kopierte ›Bienenkorb-Leuchte‹ von Isamu Noguchi ist unbestritten ein Klassiker. Sie erinnert an die einfachen Papierlaternen des Fernen Ostens. Die Größe trägt zu ihrer Wirkung bei.

Oben: Dieses Objekt von Peter Wylly macht Beleuchtung zur Kunst, überbrückt die Kluft zwischen Licht und Skulptur. Verspiegelte Glühbirnen an einer hängenden Plastikspirale bilden einen festen Mittelpunkt im Raum.

Links: Die ›Lava-Leuchte‹ verleiht einer Ecke dieses schlichten modernen Wohnzimmers Farbe und Originalität.

In Räumen, in denen viel gefeiert wird, bekommen festliche Lichtquellen wie Kerzen und Feuer eine besondere Bedeutung. Keine dieser Lichtquellen ist besonders hell. Um ihren Eindruck zu verstärken, sollten daher künstliche Lichter heruntergedimmt werden. Kerzen und Feuer erzeugen warmes, schmeichelndes Licht, das sowohl den Teint vorteilhaft erscheinen läßt als auch beruhigend auf die Psyche wirkt. Darüber hinaus hat dieses bewegte Licht – das Flackern der Kerze oder tanzende Flammen im Kamin – einen beruhigenden, fast hypnotischen Effekt.

Die meisten Leute wählen für die Beleuchtung ihres Wohnzimmers normale Glühlampen (Wolfram). Von Natur aus warm und gastlich, ruhig und gemütlich, hat dieses Licht all die emotionalen Qualitäten, die wir mit Entspannung und Komfort verbinden. Die kühleren und klareren Effekte des Halogen können als kleine helle Lichtakzente zusätzlich eingesetzt werden, um bestimmte Farben, Formen und Materialien besonders hervorzuheben.

Sehr vorteilhaft ist es, wenn sich das Licht im Wohnzimmer dimmen läßt. Verschiedene Beleuchtungsstufen erlauben es Ihnen, auf die verschiedenen Stimmungen und Anforderungen verschiedener Gelegenheiten und Tageszeiten zu reagieren. Für optimale Flexibilität sind mehrere Schaltkreise nötig.

Zum Lesen braucht man im Wohnzimmer eine Leuchte, die sich genau auf das Buch richten läßt. Zu helles Licht bewirkt jedoch einen zu großen Kontrast zwischen dem Lesestoff und der Umgebung und läßt das Auge ermüden. Die ideale Position für ein Leselicht befindet sich seitlich, etwas über und hinter Ihrem Sessel. In dieser Position wirft die Leuchte auch keine Schatten. Als Leselicht eignen sich Tisch- und Arbeitsplatzleuchten, Stehleuchten und Spots mit Gelenkarm (wenn sie nicht zu hell sind).

Auch wenn wir es abstreiten, viele von uns verbringen eine Menge Zeit im Wohnzimmer beim Fernsehen. Dafür ist die richtige Beleuchtung sehr wichtig. So haben uns unsere Eltern immer schon gewarnt, Fernsehen im Dunkeln sei schlecht für die Augen. Die Gründe dafür sind offensichtlich: Der Fernseher ist eine Lichtquelle. Die Bilder auf dem Schirm bewegen sich ständig, und die Augen müssen sich anpassen. Ohne zusätzliches Licht besteht die Gefahr, daß man Kopfschmerzen bekommt und die Augen beim Versuch, sich an den Kontrast zwischen dem dunklen Raum und

Oben: Kerzenlicht ist warm, schmeichelnd und lebendig – eine unschlagbare Quelle für Atmosphäre im Wohnbereich. Es ist die perfekte Begleitung für Festlichkeiten und doch zu schade, um nur für spezielle Anlässe reserviert zu sein.

Links: Maßgefertigte Wandleuchten verbergen die Lichtquelle und beleuchten die Wand darüber und darunter. Das kastenförmige Design ist auf die Regale abgestimmt.

Oben rechts: Die beiden antiken Leuchten mit schmiedeeisernen Ornamenten haben eine auffallend dekorative Wirkung.

der hellen Lichtquelle darin anzupassen, ermüden. Andererseits kann man die Bilder auf dem Fernseher schlecht sehen, wenn das Umgebungslicht zu grell ist. So läßt tagsüber der Sonnenschein vom Fenster das Bild auf dem Schirm fast unsichtbar werden. Idealerweise sollte man eine Leuchte neben oder hinter dem Fernseher anbringen, deren Licht den Kontrast zwischen hellem Bildschirm und dunklem Raum mildert. Ist die Leuchte zu nahe am Fernseher, können sich Reflexe auf dem Bildschirm bilden. Das Gleiche gilt für Leuchten, die hinter dem Zuschauer oder zwischen ihm und dem Gerät stehen.

Was die Dekoration angeht, zeigen wir uns im Wohnzimmer von unserer besten Seite, und meist heißt das Präsentation. Bilder, Objekte und Bücher haben Ehrenplätze und bezeugen unsere Würdigung von Farbe, Form und Materialien. Ohne passende und angemessene Beleuchtung verlieren solche Ausstellungsobjekte jedoch an Wirkung. Inspiration für punktuelle Beleuchtung kann aus Museen oder Läden kommen. Niedervolt-Halogenleuchten eignen sich perfekt, um dekorative Objekte mit winzigen Lichtpunkten zu betonen, und sie sind diskret genug, um sowohl in eine traditionell eingerichtete als auch in eine moderne Umgebung zu passen. Spots und in die Decke eingelassene Kugelstrahler sind zwar auffallender, können aber so gestellt werden, daß sie das gewünschte Objekt direkt anleuchten. Ein Lieblingsstück von oben anzustrahlen, ist sehr effektvoll und isoliert es im Raum wie in einem Museum. Beleuchtung von hinten oder unten verleiht einem Objekt eine mysteriöse Silhouette, Licht von der Seite erhellt seine Struktur und Form. Um den glänzenden Schein von Glas zu erhöhen, sollte es direkt von unten oder hinten beleuchtet werden. Spots oder Leuchtstoffröhren im Sockel einer Vitrine angebracht (oder hinter einer Blende unter einem Glasregal) sind besonders wirkungsvoll. Klemmleuchten, so ausgerichtet, daß sie Licht auf ein Regal werfen, machen Aufbewahrung interessant und erleichtern gleichzeitig die Suche nach Büchern, CDs oder Kassetten.

Bilder und Gemälde sind in bezug auf Licht besonders anspruchsvoll. Ohne besondere Beleuchtung verlieren sie am Abend viel von ihrer Wirkung. Doch Vorsicht: Schlechte Beleuchtung ist schlimmer als gar keine. Das Licht muß im richtigen Winkel auftreffen, um Reflexe auf der Verglasung oder dem Firnis eines Ölgemäldes zu vermeiden, und es muß das ganze Bild gleichmäßig ausleuchten. Spotlights geben einen konzentrierten Lichtstrahl ab, deckenmontierte Kugelstrahler streuen das Licht breiter. Eine weitere Lösung sind spezielle Bildleuchten, die an schmalen Armen über dem Bild angebracht werden. Die Lichtleisten sollten so breit sein wie das Bild und weit genug von der Wand abstehen, um das Licht über die ganze Höhe des Bildes zu verteilen.

Küchenbeleuchtung

Die Küche hat eine zunehmende Doppelfunktion: Zum einen ist sie ein Arbeitsbereich, in dem täglich Nahrungsmittel zubereitet werden, gekocht und serviert wird. Und dazu benötigt man ziemlich helles Licht. Gleichzeitig wird die Küche aber auch mehr und mehr zu einem Wohnbereich, in dem sich die Familie nicht nur zu den Mahlzeiten versammelt. Wie im Wohnzimmer oder in anderen Räumen, die mehrere Zwecke erfüllen, muß man genau abwägen, wie man die praktischen Anforderungen an Licht mit den emotionalen, ästhetischen Ansprüchen verbindet.

In früheren Zeiten war die Leuchtstoffröhre in der Deckenmitte meist die einzige Beleuchtung in der Küche, ein Schema, das letztlich ebenso unpraktisch wie deprimierend war. Natürlich ist Leuchtstofflicht wirtschaftlich und hell, doch zentral angebracht und ohne Abschirmung verbreitet es krankhafte Blässe und wirkt eher klinisch steril als einladend. Außerdem bietet eine Leuchtstoffröhre zwar angemessen helles Umgebungslicht, das Licht kann aber nicht dorthin gerichtet werden, wo es am meisten gebraucht wird. Leuchtstofflicht kann, vor allem in wärmeren Varianten, in der Küche durchaus eine Rolle spielen, es sollte jedoch nicht die dominierende Lichtquelle sein.

***Oben:** Offene Küchenbereiche brauchen mehrere Beleuchtungsarten. Die Reihe Hängeleuchten über dem Tisch sorgt für gutes Raumlicht, Strahler über den Arbeitsflächen für adäquates Licht beim Arbeiten.*

***Links:** Glänzende Metallflächen reflektieren das Licht, das aus einem verglasten Wandschrank dringt. Beleuchtung in Schränken erleichtert es, etwas darin zu finden.*

***Rechts:** Winzige Halogenstrahler, über und unter Einbauschränken eingelassen, spenden ausreichend Licht.*

Bei der Planung der Küchenbeleuchtung geht man am besten zunächst auf die funktionalen Erfordernisse ein und fügt erst danach dekorative Elemente hinzu. Die meisten Küchen sind heute mit Einbauschränken ausgestattet. Auch Küchen, in denen es nur freistehende Schränke, Anrichten und Schneideblöcke gibt, sind, bedingt durch die Wasser- und Elektrizitätsanschlüsse, in der Regel ähnlich angelegt. Die festen Elemente, Spülbecken, Herd und Kochmulden, dienen als Ausgangspunkt für das Beleuchtungsschema. Anders als im Wohnzimmer, wo Flexibilität gefragt ist, eignen sich Küchen für festinstallierte Lampen wie Strahler und Spots an der Decke, denn die Anordnung der einzelnen Basiselemente bleibt normalerweise bestehen.

Abgesehen von der im Grunde feststehenden Kücheneinrichtung gibt es weitere Gründe, die für fest installierte oder eingelassene Beleuchtungssysteme sprechen. Hängeleuchten können blenden, freistehende Leuchten nehmen Platz weg oder stören auf der Arbeitsplatte oder in Regalen. Außerdem sind Leitungen auf dem Boden oder der Arbeitsfläche gefährlich, da man darüber stolpern kann oder sie heiß bzw. naß werden können. Steckdosen werden schon für Küchengeräte benötigt und könnten überlastet werden, wenn man zusätzliche Leuchten daran anschließt.

***Oben ganz links:* Oberhalb der Wandschränke montierte Reflektoren sorgen für indirektes Raumlicht, während Strahler unter den Schränken die Arbeitsfläche beleuchten.**

***Unten ganz links:* Leuchtstoffröhren, vertikal hinter Milchglasscheiben angebracht, verleihen dieser Küche ein äußerst kühles, modernes Erscheinungsbild.**

***Links:* Dimmbare Downlights hinter Glasscheiben tauchen die Küche in sanftes Licht. Niedervolt-Halogenleuchten betonen den Arbeitsbereich, und Spotlights beleuchten gezielt bestimmte Punkte.**

***Oben:* Hängelampen spenden gleichmäßiges Licht in der Küche, Strahler leuchten den Arbeitsbereich aus.**

Außerdem kann sich selbst im besten Haushalt auf vorstehenden Leuchten Staub und Fett anlagern.

Küchen benötigen ziemlich helles Raumlicht und zusätzliche Beleuchtung für die Arbeitsflächen. Vor allem hier sollte die Beleuchtung keine Schatten werfen und blendungsfrei sein. Sicherheit steht an oberster Stelle. Selbst die Zubereitung einer einfachen Mahlzeit birgt zahlreiche Gefahren: Man verwendet scharfe Geräte und arbeitet dicht bei Dampf, kochendem Wasser, Gasflammen oder heißen Kochplatten. Es ist sicher riskant, in einer zu dunklen Umgebung zu kochen, aber auch grelles Licht kann zum Problem werden. Gute Beleuchtung, sowohl für den gesamten Raum als auch für bestimmte Bereiche, verbunden mit getreuer Farbwiedergabe, ist auch wichtig, wenn Sie ein Rezept lesen oder sich bemühen, das Essen ansprechend zu präsentieren.

Um ein angenehmes Umgebungslicht zu schaffen, sollte man die Decke mit einbeziehen, entweder als Reflexionsfläche oder als Montagefläche für festinstallierte oder eingelassene Lampen. Leuchtstoffröhren hinter einer Blende über Einbauschränken tauchen die Decke in gleichmäßiges Licht, nach oben gerichtete Reflektoren oder Deckenfluter haben den gleichen Effekt. Aber auch nach unten gerichtetes Licht, besonders Niedervolt-Halogen-Schienensysteme oder diskret eingelassene Strahler, sind ideal für die Küche. Wenn der Raum sehr klein ist, eignet sich auch ein fest in der Mitte installiertes Licht.

Ganz gleich, ob Ihre Küche in einer Reihe, L-förmig oder inselartig angelegt ist, jeder Bereich muß ausreichend beleuchtet sein. Um nicht in Ihrem eigenen Schatten zu arbeiten, sollten Sie vermeiden, daß das Licht von hinten kommt, wenn Sie an Arbeitsfläche, Spüle oder Herd stehen. Installieren Sie die Leuchten statt dessen so, daß das Licht von vorne oder von der Seite auf den Arbeitsbereich fällt. Direktes Licht von oben eignet sich zwar auch, kann jedoch unangenehme Extreme von Licht und Schatten erzeugen, indem der Arbeitsbereich zu hell ist, während Wand und Schränke ziemlich im Dunkeln liegen. Besser sind wand- oder deckenmontierte Spots sowie verdeckte Lichtleisten unter Hängeschränken. Strahler können auch direkt in die Unterseite der Oberschränke eingelassen sein. Einfache Leseleuchten mit Ziehharmonika- oder Gelenkarm, über der Arbeitsfläche installiert oder an Regale geklemmt, sind genauso nützlich.

Dekorative Leuchten sind in der Küche nicht notwendig. Doch es macht sie gemütlicher, wenn Alltagsdinge hübsch präsentiert werden. Die Reihen glänzender Behälter und Glaskrüge verdienen Aufmerksamkeit, genauso wie Hängeregale mit Geräten, Töpfen und Pfannen, ganz zu schweigen von den Farben und Formen frischen Obstes und Gemüses. Um solche Dinge zu betonen, kann man kleine Spotlights verwenden. Dient die Küche auch als Eßzimmer, bietet diese Art der Beleuchtung gutes Hintergrundlicht, wenn die Hauptbeleuchtung ausgeschaltet ist.

Es gibt mehrere spezielle Küchenleuchten, die ebenfalls Teil eines Beleuchtungsplans sein können. In viele Abzugshauben sind Lampen integriert, die die Kochmulde beleuchten, wenn die Haube aufgezogen oder der Abzug betätigt wird. Ebenso gibt es Leisten für die Aufhängung von Küchengeräten mit eingebauten Lampen.

Ganz links: Auch einfache Leuchten bieten effektives Licht in der Küche. Alte Klemmleuchten, kombiniert mit einer Arbeitsplatzleuchte an einem Ziehharmonikaarm bringen das Licht dorthin, wo es gebraucht wird.

Links: Zwei Arten von Deckenstrahlern sorgen für Hintergrund- und gezielte Beleuchtung. Fest eingelassene größere Strahler sind mit kleinen verstellbaren Halogenstrahlern kombiniert, die die Kücheninsel beleuchten, ohne zu blenden.

Rechts: Viele Küchenhersteller bieten eigene Leuchten an. Dieses robuste Downlight ist passend zur Küche gestaltet und wird unter Oberschränken angebracht.

In tiefen, großen Schränken oder Speisekammern erweisen sich Leuchten, die – wie im Kühlschrank – beim Öffnen der Tür angehen, als sehr hilfreich.

In Küchen sind übrigens Halogensysteme als Lichtquelle sehr beliebt, da das klare weiße Licht sowohl praktisch als auch ästhetisch ist. Halogenlicht läßt Farben gut erkennen, was z. B. nützlich ist, wenn Sie sich vergewissern wollen, ob das Essen gar ist, oder sich überlegen, wie Sie ein Gericht am besten anrichten. Doch das weiße Licht schmeichelt auch den meisten Oberflächen und Materialien in der Küche – dem Glanz von Chrom und Edelstahl, dem transparenten Schein von Glas und dem glänzenden Weiß der Küchengeräte. In traditionellen Küchen, in denen Oberflächen rauher sind und eher erdige Farbtöne aufweisen, erscheinen normale Glühbirnen (Wolframlampen) geeigneter. Leuchtstofflicht ist wegen seiner schlechten Farbausleuchtung nicht so ideal. Es erweist sich jedoch als praktisch, wenn die Röhre abgeschirmt oder verdeckt ist. Man sollte aber daran denken, es mit anderen, besseren und wärmeren Lichtquellen zu kombinieren und auf die Abwechslung setzen.

In einer reinen Kochküche ist dimmbares Licht nicht nötig, doch in Küchen, in denen auch gegessen wird, bietet sich damit die Möglichkeit, den Akzent vom Arbeitsbereich auf den Eßtisch zu verlegen. Auch Punktstrahler oder kleine Leuchten auf einem Regal oder einer Anrichte sorgen für gefühlvolleres Licht, wenn die Stimmung wechselt. Wie in anderen Wohnräumen, in denen verschiedene Aktivitäten stattfinden, braucht man hier eventuell mehr als einen Anschluß, um optimale Flexibilität zu erhalten, d. h. Hintergrund- und Bereichsbeleuchtung getrennt zu steuern.

Erst mit einer guten Beleuchtung läßt sich das Essen richtig genießen. Nicht umsonst versuchen Fast-Food-Ketten ihre Kunden mit grellem Licht auf harten, glänzenden Oberflächen so schnell wie möglich wieder zu vertreiben. Im Gegensatz dazu setzen gute Restaurants, in denen Komfort und Wohlbefinden der Gäste an erster Stelle stehen, oft auf gemütliche, reizvolle Lichtarrangements.

Einige Restaurants, besonders wenn sie unter Straßenniveau liegen oder aus anderen Gründen wenig natürliches Licht erhalten, verwenden höchst anspruchsvolle Beleuchtungssysteme, mit denen sie die Helligkeit im Raum ändern können. Mittels Fotosensoren und computergesteuerten Zeitschaltuhren werden subtile Lichtveränderungen programmiert, um den Wechsel des Lichts im Tagesverlauf oder der Jahreszeiten zu imitieren. Das Resultat ist eine allgemein gute Lichtqualität, die verschiedenen Gelegenheiten und Stimmungen angepaßt wird.

***Rechts und unten:** An einer Lichtschiene lassen sich unterschiedliche Leuchten anschließen. In dieser modernen Küche wurden Spots für allgemeine und punktuelle Beleuchtung mit einem niedrig über dem Tisch hängenden Spot kombiniert.*

Eßzimmerbeleuchtung

Das separate Eßzimmer verschwindet immer mehr aus dem modernen Zuhause. Kleinere Wohnungen und die weniger formellen Regeln der modernen Gastlichkeit, ganz zu schweigen von den weniger festen Zeiten für das Familienmahl, führen mehr und mehr dazu, daß der Eßtisch heute in Räumen steht, die vorrangig einem anderen Zweck dienen. Es gibt Eßecken im Wohnzimmer, Eßecken in der Küche und sogar Wohnküchen mit Eßecke, das Eßzimmer selber ist jedoch ziemlich selten geworden.

Die Herausforderung, die die Beleuchtung der Eßecke darstellt, liegt darin, daß auf einmal Atmosphäre und Intimität innerhalb eines offenen oder mehrfach genutzten Raumes geschaffen werden muß. Auch wenn wir, was Etikette und Konvention angeht, wesentlich lockerer geworden sind, ein Abendessen mit der ganzen Familie oder mit Freunden ist immer noch eine besondere Angelegenheit, die entspannendes, angenehmes und oft auch festliches Licht erfordert.

***Oben:** Dieser schlicht möblierte, moderne Eßbereich erhält durch die originelle Beleuchtung, bestehend aus unzähligen heruntergedimmten weißen Lichtsträngen, die um eine Drahtkugel gewunden sind, ein besonderes Flair.*

THE RIVER CAFE COOK BOOK
RIVER CAFE COOK BOOK TWO

Die Beleuchtung der Eßecke zu Hause ist naturgemäß weniger komplex. Man sollte dennoch beachten, daß das Licht flexibel genug ist, zu den verschiedenen Tageszeiten zu passen. Was für ein Frühstück mit Morgenzeitung paßt, muß nicht die richtige Atmosphäre für ein intimes Mahl zu zweit oder eine Familienfeier sein.

Die Beleuchtung des Eßbereichs sollte sich auf den Tisch konzentrieren. Das Auge ißt mit, wie man sagt, und alle Speisen sehen einfach appetitlicher und frischer aus, wenn wir das, was auf dem Teller ist, auch richtig erkennen. Andererseits stört zu helles Licht das Gefühl der Intimität und Zusammengehörigkeit, das wahre Gastlichkeit ausmacht. Gute Beleuchtung sollte dazu beitragen, essen zu einem gemeinsamen, schönen Erlebnis zu machen.

Pendelleuchten, von einfachen Metallschirmen bis zu Kronleuchtern, sind am häufigsten in Eßzimmern anzutreffen. Sie werfen einen breiten Lichtstrahl auf den Tisch, der zum einen genügend Umgebungslicht erzeugt, zum anderen einen gemütlichen, warmen Kreis bildet, der die Umsitzenden zusammenbringt. Das Leuchtmittel selbst sollte nicht zu hell sein. Ein weißes Tischtuch, funkelnde Gläser und Bestecke sowie der schimmernde Glanz von Porzellan reflektieren das Licht leicht nach oben und beleuchten so vorteilhaft die Gesichter der Umsitzenden.

Eine Pendelleuchte muß tief genug über dem Tisch hängen, um niemanden zu blenden und hoch genug, um niemandem die Sicht auf sein Gegenüber zu versperren. Höhenverstellbare Hängeleuchten leisten hier gute Dienste.

Zwar ist die Höhe der Leuchte entscheidend, um Blendung zu vermeiden, doch auch die Form kann darauf Einfluß haben. Hohe Lampenschirme, bei denen die Glühbirne tief im Schirm sitzt, sind besser als flachere Designs, die sie sehen lassen. Verspiegelte Glühbirnen eignen sich hervorragend, da sie das Licht in den Schirm zurückreflektieren und somit die Strahlen diffuser streuen.

Um einen langen Tisch ausreichend zu beleuchten, braucht man mehrere Pendelleuchten. Hier ist ein freies Schienensystem, an dem an beliebiger Stelle Leuchten angebracht werden können, besonders sinnvoll. Außerdem lassen sich an der Schiene Hängeleuchten mit kurzen Reflektorköpfen kombinieren, die interessante Objekte im Raum oder an den Wänden betonen. Schienensysteme erlauben es auch, die Pendelleuchten ganz aus dem Weg zu räumen, z. B. wenn Sie am Tisch Spiele machen möchten.

Die häufig in Restaurants verwendeten Tiefstrahler sind eine Alternative zum atmosphärischen Licht der Hängeleuchten, wobei ihre Positionierung sehr wichtig ist. Sie sollten entweder den Tischmittelpunkt anstrahlen, etwa ein Blumenarrangement, oder

Unten ganz links: Kerzenlicht verhilft am ehesten zu Atmosphäre. Ein sanftes Gegenstück zu den Flammen bildet die Hängeleuchte, bestückt mit Kerzenlampen.

Links: Die Stehleuchte mit schmiedeeisernem Gestell läßt den unkonventionellen Sitzbereich in sympathischem Licht erscheinen.

Rechts: Die computergesteuerten Schalter an der Tür erlauben feinste Lichtabstufungen in diesem Eßzimmer.

Unten: Die Hängeleuchte des dänischen Designers Louis Poulsen schafft in einer offenen Küche einen intimen Lichtbereich über dem Tisch.

einzelne Lichtfelder auf die ganze Länge der Tischfläche werfen, die sanftes Licht auf den Gesichtern der Gäste verbreiten. Direkt über den Köpfen angebrachte Tiefstrahler lassen allerdings eher das unangenehme Gefühl aufkommen, im Scheinwerferlicht zu sitzen und erzeugen außerdem harte, unvorteilhafte Schatten auf den Gesichtern. Da die Positionierung von Tiefstrahlern so wichtig ist, sind sie nur sinnvoll, wenn der Tisch nie verstellt wird.

Weiches Hintergrundlicht sorgt dafür, daß der Helligkeitskontrast zwischen Tisch und Umgebung nicht zu groß ist. Kleine, unauffällige Wandleuchten mit Schirmen in der Farbe der Wände sind hier äußerst vorteilhaft. Aber auch Tischleuchten auf Anrichten oder Schränken, schwache Bodenfluter in den Raumecken oder Strahler, die auf Bilder oder Objekte gerichtet sind, ergänzen das Licht vom Tisch, ohne das Zentrum des Raumes zu verrücken. Sowohl das Licht am Tisch als auch das Hintergrundlicht sollten dimmbar sein, damit Sie sie jeder Situation und Stimmung anpassen können. Bei Eßecken, die auch anderweitig genutzt werden, z. B. zum Lernen, oder die zu einem offenen Raum gehören, ist dies besonders wichtig.

Das geeignetste Leuchtmittel für eine gute Tischbeleuchtung sind unzweifelhaft Glühlampen, da sie farbtreu sind und dem Teint schmeicheln. Für besondere Gelegenheiten braucht man jedoch das sanfte und intime Licht von Kerzen.

Schlafzimmerbeleuchtung

Im Schlafzimmer braucht man eine vernünftige Kombination verschiedener Beleuchtungsarten, ganz gleich, ob Sie Nachteule oder Frühaufsteher sind. Zwar dient das Schlafzimmer hauptsächlich zur erholsamen Nachtruhe, doch nebenbei nutzen wir es auch zum Lesen, Fernsehen etc. Das Schlafzimmer ist ein sehr persönlicher Ort, dort beginnen und beenden wir den Tag. Dies sind Übergangssituationen, in denen wir äußerst sensibel auf Licht und Umgebung reagieren.

***Links:** Diese ungewöhnlichen Nachttischleuchten haben einen Metallschirm mit Glasperlen. Die schmale konische Form verdeckt das Leuchtmittel, so daß die Leuchte nicht blendet.*

***Unten links:** Zum Lesen im Bett braucht man verstellbares Licht.*

***Unten:** Die verspiegelte Nische verdoppelt die Wirkung dieser originellen Nachttischleuchte.*

***Rechts:** Ganz einfach – eine schwenkbare Stehleuchte zum Lesen und winzige Teelichter für Atmosphäre.*

Die meisten Schlafzimmer sind heute auch Ankleideräume, in denen wir uns an- und ausziehen, schminken und wo wir Kleidung und Make-up aufbewahren. Falls Sie ein großes Schlafzimmer haben und der Platz anderswo knapp ist, sind Sie vielleicht sogar versucht, dort eine ruhige Arbeitsecke zum Lernen oder Schreiben einzurichten. Dient das Schlafzimmer mehreren Zwecken, ist eine gut durchdachte Beleuchtung natürlich umso wichtiger.

Zunächst muß das Licht die richtige Atmosphäre für die Zeit vor dem Zubettgehen bieten. Wenn wir uns in wachem Zustand im Schlafzimmer aufhalten, sind wir meistens müde. Daher sollte zu helles Licht, das in müden Augen schmerzt, vermieden werden. Sanftes Umgebungslicht ist nicht nur für die Entspannung wichtig, es ist auch unerläßlich, wenn Sie im Bett fernsehen.

Deckenleuchten sind in Schlafzimmern zwar durchaus üblich, aber sehr ungünstig. Im Bett liegt man normalerweise, eine zentrale Leuchte ist in dieser Position stets sichtbar, und ihr Licht wirkt aufdringlich. Besser geeignet sind Wandleuchten hinter dem Bett oder Nachttischleuchten. Auch Bodenfluter können gutes Hintergrundlicht geben und ein Gefühl von Wärme und Sicherheit

***Links und oben:* Dieses hypermoderne Hochbett wird von zwei Halogen-Stehleuchten erhellt, doch das eigentliche Licht kommt von oben. Ein riesiges, gewölbtes Dachfenster mit Aluminiumjalousien, das sich hydraulisch öffnen läßt, gibt den Blick auf die atemberaubende Skyline einer Stadt frei.**

Oben und rechts: Auch für das Schlafzimmer macht es das große Angebot an Leuchten leicht, die Leuchte zu finden, die zum Einrichtungsstil des Raumes paßt.

vermitteln. Die Schlafzimmerbeleuchtung sollte übrigens dimmbar sein, denn die Helligkeit, die abends benötigt wird, ist tagsüber eher unangebracht.

Ein wichtiger Punkt sind Nachttischlampen. Denn man muß abends als letztes oder morgens als erstes Licht an- bzw. ausschalten können, ohne aus dem Bett steigen zu müssen. Kleine Tisch- oder Arbeitsleuchten sowie Wandleuchten geben genügend Licht zum Lesen im Bett. Die Leuchten sollten jedoch hoch genug angebracht sein, damit sie das Buch beleuchten, und so abge-

schirmt sein, daß sie Ihnen nicht ins Gesicht scheinen. Falls Sie lesen wollen, wenn Ihr Partner schon, oder noch, schläft, müssen die Leuchten an beiden Seiten eines Doppelbettes einzeln geschaltet sein.

Leuchten mit flexiblen, beweglichen Armen oder Halterungen, die gedreht oder angewinkelt werden, etwa Wandleuchten mit Gelenkarm, sind zum Lesen im Bett besonders geeignet. Lesen im Bett ist auf Dauer nicht so bequem wie in einem Sessel oder am Tisch, und Sie werden mehrmals die Stellung wechseln. Eine Leuchte, die dem angepaßt werden kann, ist ein Vorteil.

Schlafen und Wachen, An- und Ausziehen sind räumlich eng verbundene Tätigkeiten. In bezug auf Beleuchtung stellen sie jedoch verschiedene Anforderungen. Man muß in Schränken oder Spinden etwas sehen können, wenn man Kleidung hineinlegt oder herausnimmt, und Spiegel und Ankleidebereich brauchen genügend Helligkeit, damit Sie Ihr Aussehen überprüfen können. Toilettentische sollten von beiden Seiten beleuchtet werden, damit Ihr Gesicht gleichmäßig erhellt wird. Licht von oben oder unten wirft unschöne Schatten, während das im Kino so verführerisch wirkende Licht von hinten zwar außerordentlich schmeichelhaft, aber wenig geeignet ist, um ein exaktes Make-up aufzutragen.

Symmetrisch angeordnete Tisch- oder Wandleuchten sind eine willkommene Aufwertung für das Licht am Frisiertisch. Spinde oder Wandschränke können mit kleinen Glühbirnen beleuchtet werden, die sich beim Öffnen der Tür einschalten.

Wenn das Baby zum neugierigen Krabbler wird, muß man besonders auf Sicherheit achten. Decken Sie unbenutzte Steckdosen ab, und bringen Sie Leuchten, Kabel und Schalter außer Reichweite. Freistehende Leuchten können leicht umgestoßen werden, daher sollte man bei Kleinkindern nur Wand- oder Deckenleuchten anbringen.

Viele Kinder haben Angst im Dunkeln, eine Phase, die sie mit Hilfe eines kleinen Nachtlichtes überwinden. Für Kinder dieses Alters werden z. B. lustige Leuchten in Form von Tieren und Figuren angeboten. Auch einfache Leuchten mit Papier- und Stoffschirm gibt es in vielen kindgerechten Designs.

Sobald Ihr Kind lesen kann, erhöht sich der Bedarf an Licht. Robuste Arbeitsleuchten neben oder auch ein wandmontiertes Leselicht über dem Bett sind praktisch. Schulkinder brauchen zudem richtiges Arbeitslicht. Angepaßte Schreibtischleuchten fördern das Lernverhalten und reduzieren Ermüdungserscheinungen. Arbeit und Spiel am Computer verlangen ein angemessenes blendfreies Umgebungslicht sowie ein speziell auf die Tastatur gerichtetes Licht.

Rechts: Eine grazile Schreibtischleuchte ermöglicht das Lesen im Bett, während die Lichtskulptur an der anderen Seite des Bettes eher zum Wohlbefinden beiträgt.

Oben: Ingo Maurers originelle Leuchte ›Lucellino‹ ist die richtige Ergänzung für dieses schlichte, weiße Schlafzimmer.

Kinderzimmer stellen andere Anforderungen in bezug auf Licht. Zuallererst braucht man ein bewegliches System, um Richtungswechsel zu ermöglichen. Zudem sollte es ein System sein, das sich der Entwicklung des Kindes anpassen läßt. Das bedeutet z. B. auch zusätzliche Steckdosen für verschiedene Stufen der Einrichtung oder steigenden Energiebedarf. Besondere Flexibilität bietet eine Lichtschiene, an der verschiedene Leuchten angebracht werden können, die alle dimmbar sein sollten.

In den ersten Monaten scheint den Babies selbst die Tageszeit gleichgültig zu sein, dennoch brauchen Sie genügend Helligkeit für die tägliche Routine und auch ein sanftes Licht bei den nächtlichen Mahlzeiten. Eine Deckenleuchte mit einem Dimmer reicht für allgemeines Raumlicht tagsüber, Nachttischleuchten oder kleine Schirmleuchten mit schwachen Glühbirnen sorgen für ausreichendes Licht in der Nacht.

Rechts: Bewegliche Einbauleuchten, hier auf die Wand gerichtet, erweisen sich als sehr praktisch im Kinderzimmer, denn freistehende Leuchten sind für kleine Kinder gefährlich.

Badezimmerbeleuchtung

Wasser und Elektrizität sind eine gefährliche Kombination, und sie kommen nirgendwo im Haushalt in engeren Kontakt als im Bad. Bei der Beleuchtungsplanung für das Badezimmer sollte deshalb ein qualifizierter Elektriker hinzugezogen werden (siehe Seite 186), der überprüft, ob Ihre Vorschläge den Sicherheitsbestimmungen entsprechen.

Viele Badezimmer sind eher klein, was es erschwert, Abstand zwischen Lampen und Wasser zu bringen. Im Badezimmer einer Familie, in dem Kinder herumspritzen, erhöht sich das Risiko noch: Heiße Glühbirnen platzen leicht, wenn sie mit Wasser bespritzt werden.

Freistehende, hängende oder verstellbare Leuchten sollte man daher vermeiden, ebenso Standardsteckdosen, -schalter und -kabel. Wählen Sie statt dessen Leuchten, die die Glühbirne komplett umhüllen oder Strahler, die deckenbündig montiert werden. Bei Steckdosen und Schaltern sollten die Metallteile der Fassungen abgedeckt sein.

Auch wenn diese Sicherheitsmaßnahmen einschränkend wirken, gibt es keinen Grund, warum die Beleuchtung im Bad rein auf Nützlichkeit ausgerichtet sein muß. Wenn weder Glühbirne noch Kabel mit Wasser in Kontakt kommen, kann auch manche Standardleuchte verwendet werden. Außerdem gibt es viele dekorative Leuchten, die speziell für den Gebrauch in der Nähe von Wasser entworfen wurden. Und denken Sie auch einmal an Unterwasserleuchten, die eine großartige Wirkung haben.

***Oben links:** Stablampen, horizontal neben dem Spiegel angebracht, sorgen für gleichmäßiges, blendfreies Licht.*

***Oben Mitte:** Ähnlich angeordnet, aber hinter maßgefertigten Blenden verborgen wurden diese Leuchtstoffröhren.*

***Oben rechts:** Das deckenbündig montierte Niedervolt-Downlight liefert klares, helles und funkelndes Licht. Die Glasbausteinwand dahinter leitet das Licht weiter.*

***Links:** Leuchten, die das Leuchtmittel komplett umschließen, wie diese eingelassenen Deckenstrahler, sind fürs Bad ideal.*

Früher waren Badezimmer recht ungemütlich. Und die Beleuchtung trug nicht gerade zur Verbesserung der Situation bei, da in den meisten Haushalten eine einzelne grelle Deckenleuchte die Norm war. Zwar braucht man im Bad sicherlich eine bestimmte Helligkeit zum Rasieren, Schminken etc., trotzdem sollte das einen nicht davon abhalten, den Raum phantasievoll zu beleuchten. Immerhin trägt eine angenehme Beleuchtung zur Entspannung und Erholung bei. Wir geben uns heutzutage ziemlich viel Mühe, dafür zu sorgen, daß das Baden eine erfreuliche und erfrischende Angelegenheit ist – warmes Wasser, parfümierte Seifen und weiche Handtücher machen es zu einem sinnlichen Erlebnis –, und dieser Effekt kann durch grelle oder unvorteilhafte Beleuchtung fast gänzlich zunichte gemacht werden.

Deckenbündig montierte Downlights sind sowohl praktisch als auch attraktiv. Da das Bad zum Großteil aus feststehenden Komponenten wie Badewanne und Waschtisch besteht, kann man Downlights in die Decke einlassen, ohne befürchten zu müssen, daß sich die Anordnung später ändert. Wenn Sie es gewohnt sind, in der Badewanne zu lesen, sollten Sie zusätzlich einen Kugelstrahler anbringen, der genau auf die Badewanne gerichtet wird. Uplighter oder in die Wand eingelassene Strahler sind ebenfalls eine gute Badezimmerbeleuchtung. Das von der Decke reflektierte Licht gibt eine sanfte Hintergrundbeleuchtung. Falls Sie keine wasserfesten Lampen verwenden, müssen Sie darauf achten, daß die Leuchten weit genug von der Dusche weg sind und hoch genug, um keine Wasserspritzer abzubekommen.

Mit Unterwasserbeleuchtung erzielt man übrigens spektakuläre Effekte: Kleine wasserfeste Lampen, an Wänden oder Boden der Badewanne angebracht, machen das Baden zu einem besonderen Erlebnis. Wasserhähne und Duschköpfe funkeln und glühen buchstäblich, wenn sie durch Glasfaseroptik beleuchtet werden (siehe auch Seite 62). Unspektakulärer, dafür wesentlich billiger und nicht weniger anheimelnd sind Kerzen – gleichgültig, ob um die Wanne herum aufgestellt, auf einem Glasregal oder auf dem Wasser schwimmend. Kerzen lassen das Baden zu einer genußvollen Erfahrung werden. Die kleinen flackernden Lichter, die sich in Glasflaschen, Regalen und Spiegeln vervielfachen, wirken bezaubernd und magisch zugleich.

Praktisch gesehen braucht man am meisten Licht im Bereich um Waschbecken und Spiegel. Hier sollte man einen gesunden Mittelweg zwischen brutaler Wahrheit und glatter Schmeichelei finden. Helles, alles enthüllendes Licht ist – vor allem morgens – nicht gerade willkommen. Andererseits ist zu stimmungsvolles Licht, das uns keine Details erkennen läßt, z. B. beim Schminken nutzlos.

***Oben links und Mitte:* Winzige eingelassene Halogenstrahler spenden weißes Licht, das ideal zu Glas, Chrom und marmornen Badezimmereinrichtungen paßt. Hier sind sie über Fensterbank bzw. Waschbecken angebracht. Eine dimmbare Wandleuchte (links) mit einem Schirm aus Milchglas gibt sanfteres Licht im Bereich der Badewanne.**

***Oben:* Die Bildleuchte aus Chrom über dem Spiegel verleiht einem kleinen, exklusiv ausgestatteten Bad zusätzliches Flair. Im allgemeinen ist ein Licht über dem Spiegel jedoch nicht die beste Lösung, da es tiefe Schatten auf den unteren Teil des Gesichtes wirft.**

Auch hier stellt eine einzelne, über dem Spiegel oder an der Decke angebrachte Leuchte eine unflexible und uneffektive Lösung dar. Grelles Licht von oben wirft harte Schatten aufs Gesicht, die ziemlich unvorteilhaft wirken. Statt dessen sollte das Gesicht so gleichmäßig wie möglich von oben und von der Seite angeleuchtet werden. Dies läßt sich auf verschiedene Art und Weise realisieren: Man kann mehrere Leuchten in Wand und Decke einlassen und somit den Spiegel von drei Seiten erhellen; es genügen aber auch zwei Röhren oder Wandleuchten, die dem

ist nützlich, wenn man die Etiketten von Kosmetika oder Medikamenten lesen muß.

Abgesehen vom Bereich um das Waschbecken braucht die Beleuchtung im Bad nicht sehr hell zu sein. Grelles Licht im Bad ist ein Überbleibsel aus der Zeit, als dieser Raum rein funktional sein sollte und dementsprechend ausgestattet war. Weniger helles Licht läßt uns viel besser entspannen und blendet nicht, wenn es von Kacheln oder glänzenden Oberflächen wie Porzellan, Spiegeln und Glas reflektiert wird. Für maximale Flexibilität kann man auch die Badezimmerbeleuchtung mit einem Dimmer versehen.

Wolfram als Leuchtmittel ist warm, ruhig, schmeichelnd und paßt gut zu traditionellem Dekor, Halogen dagegen wirkt heller und kühler und eignet sich eher für einen modernen Einrichtungsstil. Man sollte auch das natürliche Licht im Badezimmer so weit wie möglich ausnutzen, denn es ist die wahrheitsgetreueste und schönste Lichtquelle überhaupt. Milchglas, graviertes oder farbiges Fensterglas verteilen Tageslicht in schönen Mustern, ohne Durchblicke zu gewähren. Das faszinierendste Licht liefert allerdings wohl ein über der Wanne eingebautes klares Dachfenster.

Spiegel nur von zwei Seiten Licht spenden. Wer etwas Glamour bevorzugt, kann aber auch eine Reihe großer Kugelbirnen (Globe-Lampen) rund um den Spiegel anbringen. Wenn Sie mehrere Leuchten einsetzen, wählen Sie relativ schwache Glühbirnen, meist genügen 25 Watt.

Erhältlich sind auch beleuchtete Badezimmerspiegel und Spiegelschränke mit einer eingebauten Lichtquelle zum Rasieren. Eine kleine Lampe innen im Schrank, die beim Öffnen der Tür angeht,

***Oben links:** Eine nostalgisch anmutende, verstellbare Wandleuchte sorgt für weiches Umgebungslicht.*

***Oben Mitte:** Tischleuchten sollten im Bad nur mit besonderer Vorsicht verwendet werden. Sie dürfen nicht bespritzt oder ihre Schalter mit nassen Händen betätigt werden.*

***Oben rechts:** Diese dreiteilige Wandleuchte mit Milchglas und poliertem Chrom erinnert an die 50er Jahre.*

Arbeitszimmerbeleuchtung

Es gibt heutzutage in vielen Wohnungen einen Bereich, in dem, abgesehen von der üblichen Haushaltsroutine, konzentriertes Arbeiten möglich ist. Dieser Bereich kann in der Ecke eines Wohnzimmers liegen, eine Kellerwerkstatt sein oder ein voll ausgestattetes Heimbüro. Ob Sie dort beruflich tätig sind oder einfach ein eigenes Projekt verfolgen, die richtige Beleuchtung erhöht Ihre Produktivität und Ihren Spaß.

Arbeiten von zu Hause aus ist definitiv im Trend. Wenn Sie in der Wohnung ihren Haupt- oder Nebenarbeitsplatz einrichten, müssen Sie auf das Licht besonders achten. Es reicht nicht aus, die vorhandenen Beleuchtungseinrichtungen zu nutzen. Immerhin gibt es zumindest für Unternehmen Richtlinien für die Beleuchtung am Arbeitsplatz, auch wenn diese in der Realität häufig mißachtet werden. In vielen Bürogebäuden sind flackernde Leuchtstoffröhren und unvorteilhaft angebrachte, blendende Lampen immer noch an der Tagesordnung. Zu Hause gibt es keinen Grund, solch unangenehme Bedingungen zu imitieren. Hier können Sie die Beleuchtung individuell auf ihre Bedürfnisse abstimmen. Für jede konzentrierte Arbeit benötigt man vorrangig effektives Arbeitslicht. Dabei sollte man den ästhetischen Effekt einer dekorativen Beleuchtung jedoch nicht vernachlässigen, auch wenn er sicher nicht im Vordergrund stehen sollte.

Oben: Für einen kleinen Arbeitsplatz reichen zwei schmale Tischleuchten als Arbeitslicht aus.

Unten: Der schlicht eingerichtete Hauswirtschaftsraum ist sorgfältig und praktisch mit zwei einfachen Pendelleuchten und zwei an die Wand montierten Spotlights ausgeleuchtet.

Wenn Sie an einem Computer arbeiten, darf das Licht nur auf den Schreibtisch bzw. die Tastatur fallen, nicht auf den Bildschirm, und beim Schreiben oder Zeichnen nur auf das Blatt, nicht in Ihre Augen. Es gibt viele ausgezeichnete Arbeitsplatzleuchten, die für solche Zwecke verstellbares, zielgerichtetes Licht bieten. Stellen Sie die Leuchte zudem so ein, daß das Leuchtmittel selber nicht sichtbar ist. Leuchten mit langen Armen, die Sie zusätzlich in der Höhe verstellen können, sind besonders nützlich. Denn so läßt sich auch mal eine größere Fläche des Schreibtischs ausleuchten. Arbeitslicht ist zwar in erster Linie praktisch, hat aber auch einen psychologischen Wert. In einem hellen Lichtkegel zu sitzen fördert die Konzentration und hilft, Ablenkung zu vermeiden – eine wertvolle Hilfe, wenn Sie in einem Raum arbeiten, der normalerweise anderen Zwecken dient.

Tageslichtes durch teilweise Abschirmung des Fensters verringern. Es ist jedoch wichtig, nicht alles Tageslicht auszuschließen, denn es hebt nicht nur die Laune, man kann auch gut dabei arbeiten. Daher sollte man Jalousien, halbtransparente Vorhänge oder Blenden verwenden, die man entweder auf- oder herabziehen kann, je nachdem wieviel natürliches Licht erwünscht ist.

Für Arbeiten, bei denen man mit Farben zu tun hat, ist ein nach Norden ausgerichteter Raum ideal, da Nordlicht am farbneutralsten wirkt. Falls Sie einen solchen nicht haben, sollten sie sich bei der Arbeit auf Glühlampen verlassen, die das Tageslicht imitieren. Sie sind blau eingefärbt, und es gibt sie in einer ganzen Reihe von Designs für verschiedene Leuchten. Als Alternative spendet auch Halogen gutes Allzwecklicht für Arbeitsbereiche.

Hauswirtschaftsräume, Werkstätten und Garagen sind der ideale Platz für das sparsame Licht von Leuchtstoffröhren. An der Decke angebracht, erhellen sie den ganzen Raum gleichmäßig. Falls Sie jedoch mit gefährlicher Ausrüstung zu tun haben wie Maschinen oder scharfen Werkzeugen, brauchen Sie zusätzliches Licht im Arbeitsbereich. Bedenken Sie, daß sich beim Gebrauch von Leuchtstoffröhren Stroboskopeffekte einstellen können. Verwenden Sie daher Hochfrequenz-Leuchtstoffkörper oder Halogenleuchten, wenn Sie mit beweglichen Maschinen arbeiten.

Oben:* *Von wo das Tageslicht einfällt, spielt in einem Atelier eine besondere Rolle. Hier liefert ein Fenster aus mattem Plexiglas diffuses Licht von oben, zusätzlich fällt durch eine Glastür Licht von der Seite in den Raum.

Rechts:* *Die verstellbare Schreibtischleuchte wirft ihr Licht genau auf die Computertastatur. Das Licht muß so zielgerichtet fallen, daß sich keine Reflexe auf dem Bildschirm bilden.

Gutes Arbeitslicht allein reicht jedoch nicht aus: Der Kontrast zwischen hellem Arbeitslicht und dämmriger Umgebung läßt die Augen mit der Zeit ermüden. Das Arbeitszimmer braucht auch ein gewisses Umgebungslicht, am besten von einem Deckenfluter, denn der sorgt für sanfte Helligkeit, ohne Schatten zu werfen oder zu blenden. Vor allem bei Computerarbeit sind Deckenfluter empfehlenswert, da sie keine störenden Reflexe auf dem Bildschirm erzeugen. In einem traditionell eingerichteten Arbeitszimmer kann das Umgebungslicht auch von mehreren Tisch- und Stehleuchten kommen.

Wer zu Hause arbeitet, muß auch das unterschiedliche Tageslicht beachten. Direkte Sonneneinstrahlung beeinflußt den Computerbildschirm in gleicher Weise wie den Fernseher. Hier sollte man den Bildschirm vom Fenster wegdrehen und die Helligkeit des

Außenbeleuchtung

Abgesehen von den Hinweis- oder Sicherheitsleuchten, die Wege und Eingänge erhellen, hat die Beleuchtung der Außenanlagen eher eine dekorative Funktion – sie betont die Schönheiten von Architektur und Pflanzen und kann dadurch Haus und Garten eine ganz besondere Dimension verleihen.

Leider verbinden die meisten Leute mit Außenbeleuchtung heute immer noch gezielt angestrahlte majestätische Denkmäler in Parks und hell erleuchtete riesige Millionärsanwesen. Man muß jedoch nicht in einem Palast oder einer Luxusvilla mit einem mehrere Hektar großen Grundstück wohnen, um sich diese schöne Art der Beleuchtung leisten zu können. Wenn Sie tagsüber Freude an Ihrem Garten haben, verlängert Außenbeleuchtung dieses Vergnügen. Aber vorrangig ermöglicht sie es, die außen liegenden Bereiche auch am Abend zum Essen, Entspannen und Spielen zu nutzen.

Da die Beleuchtungsanlage außerhalb des Hauses eine eigene Stromversorgung benötigt, ist es wichtig, daß Sie bei Planung und Installation einen Fachmann zu Rate ziehen. Sicherheit steht an erster Stelle. Immerhin sind Lampen und Kabel ständig wechselnden Wetterverhältnissen und Temperaturschwankungen ausgesetzt. Es bestehen strikte Richtlinien für den technischen Standard des Beleuchtungssystems und seine Plazierung. Halten Sie die Leuchten im Außenbereich zudem frei von Blättern und Schmutz. Stromkabel werden spatensicher 60 cm tief eingegraben oder zumindest so abgedeckt, daß sie nicht durch Rasenmäher oder Gartengeräte beschädigt werden. Sinnvoll ist es auch, die Schalteranlage im Inneren des Hauses anzubringen, damit alle Leuchten von hier aus kontrollierbar sind.

Bedenken sollte man bei der Beleuchtung von Außenanlagen allerdings auch einen ganz anderen Aspekt: Jedes Außenlicht trägt zu dem Lichtschein bei, der nachts von Städten und Vorstädten ausgeht und mittlerweile so hell ist, daß der Sternenhimmel nur noch selten klar zu erkennen ist. Außerdem greift der helle Lichtschein in den Biorhythmus von Wildtieren ein, ganz zu schweigen von der Energie, die hier verschwendet wird.

Außenbeleuchtung muß nicht hell sein, um zu wirken. Tatsächlich beruhen die besten Anordnungen auf nichts weiter als kleinen, exakt ausgerichteten Lichtakzenten. Geschickte Beleuchtung läßt einladende gemütliche Ecken entstehen, markiert Wege und lenkt die Aufmerksamkeit auf schöne Bereiche im Garten.

Rechts: Die dezente Leuchte an der Seitenwand ergänzt das Licht, das von innen auf diese elegante Dachterrasse fällt.

Eingangsbeleuchtung

Die Beleuchtung des Eingangs ist die häufigste Form der Außenbeleuchtung, schon allein wegen ihrer praktischen Vorteile. Beleuchtete Türen, Tore, Stufen, Wege, Auffahrten und Garagen lassen Sie und Ihre Gäste nachts sicher den Weg finden, und so mancher Einbrecher ist schon von einem hell erleuchteten Zugang abgeschreckt worden. Außerdem hat Eingangslicht ästhetische Vorteile: Ein gutbeleuchteter Zugang wirkt einladend und trägt dazu bei, sich bei der Heimkehr wohl zu fühlen.

Wenn Sie in einem dicht bebauten Gebiet mit ausreichender Straßenbeleuchtung leben, genügt es, Haustür und -nummer zu beleuchten, vielleicht auch Klingel und Schlüsselloch. Steht Ihr Haus jedoch allein oder gar einsam, brauchen Sie mehrere Lichter am Hauptzugang und zusätzlich Lichter, die um das Haus herum plaziert sind.

Bei der Beleuchtung des Eingangs – Haustür, Hintereingang oder Garage – sollten einige praktische Bedingungen erfüllt sein. Die Leuchten müssen eine gewisse Helligkeit ausstrahlen und so positioniert sein, daß sie den Weg an eventuell unübersichtlichen Stellen beleuchten. Gleichzeitig sollten sie die Lampen verdecken, um Blendung zu vermeiden, die für Fußgänger und Autofahrer gleichermaßen gefährlich sein kann. Um so wenig Energie wie möglich zu verschwenden, lassen sich Energiesparlampen einsetzen. Aber eigentlich brauchen die Leuchten auch nicht die ganze Nacht zu brennen. Hier sind automatische Schalter, z. B. Bewegungsmelder, die durch Bewegung oder Wärme ausgelöst werden, eine gute Lösung. Als nützlich erweisen sich auch sogenannte lichtsensitive Schalter, die auf die steigende oder sinkende Helligkeit des natürlichen Lichts reagieren. Aber auch diese Leuchten brennen wiederum die ganze Nacht. Bei komplexeren Installationen für großflächige Anlagen kann man eine Sicherheitsfirma nach einem einbruchhemmenden System fragen.

Das Licht an der Haustür muß ebenso ansprechend wie praktisch sein. Kutschleuchten und Laternen beherrschen den Markt, doch es lohnt sich, nach ungewöhnlicherem Ausschau zu halten. Aber auch einfache Leuchten, beiderseits der Tür angebracht, können sehr dekorativ wirken. Kugelleuchten sind elegant und vielseitig, Baustellenleuchten praktisch und sicher. Äußerst stilvoll wirken beleuchtete Glasscheiben für die Hausnummer.

Oben: Zwei venezianische Wandleuchten mit Pagodendeckel spenden atmosphärisches Licht auf beiden Seiten dieser schönen Haustür.

Oben: Sandgestrahltes Glas läßt das Licht nach außen dringen, ohne daß Blicke nach innen dringen können, und schafft eine leuchtende Wand, die die Architektur hervorhebt.

Links: Die wunderschöne alte Villa wird von einem verborgenen Uplighter in ein sanftes Licht getaucht; die in den Pflanzen versteckten Leuchten sorgen für Atmosphäre.

Bei der Beleuchtung von Wegen, Auffahrten, Stufen und Toren ist das sich selbst anschaltende Licht ebenfalls vorteilhaft. Um nicht zu blenden, sollten die Leuchten niedrig angebracht und abgeschirmt sein. Bedenken Sie auch, daß zu helle, falsch ausgerichtete Beleuchtung störendes Licht durch die Fenster angrenzender Häuser werfen kann. Punktstrahler für den Weg können so ausgerichtet werden, daß das Licht genau dorthin scheint, wo es nötig ist. Laternen oder nachgemachte Straßenleuchten sind weniger passend, denn sie lassen die Atmosphäre eines Stadtparks aufkommen. Statt dessen kann eine sparsam eingesetzte dekorative Beleuchtung des Gartens genug Licht spenden, um auch den Weg zum Haus zu beleuchten.

Fassadenbeleuchtung

Wenn Ihr Haus ein architektonisches Meisterwerk ist, kann eine Beleuchtung der Fassade das Ganze auch nachts ins rechte Licht rücken. Im allgemeinen spricht man bei der Beleuchtung von Gebäuden von Flutlicht, doch dieser Begriff erweckt einen falschen Eindruck von der Art der Beleuchtung. Es geht nicht darum, die Fassade mit einem grellen gleichmäßigen Licht anzustrahlen, sondern interessante Strukturen und Details auf attraktive Weise in Szene zu setzen.

Das eigentliche Flutlicht ist so subtil wie ein Vorschlaghammer. Fußballstadien und Gefängnisse werden aus praktischen Gründen mit Flutlicht bestrahlt. Sehr zum Schaden unserer Städte geschieht das auch mit vielen öffentlichen Gebäuden und Denkmälern. Gute Fassadenbeleuchtung spielt dagegen mit dem Architekturdetail, betont die besonderen Merkmale des Gebäudes sowie die Struktur der Materialien. Schlechte Außenbeleuchtung ebnet Kontraste ein, dringt grell ins Innere und streut weit in die Umgebung des Gebäudes. Im öffentlichen Bereich wird die Sache durch die Verwendung wirtschaftlicher Leuchtmittel wie Natrium-Nieder- und Hochdrucklampen verschlimmert. Sie verfälschen die Farben und zerstören gleichzeitig die reichste Kombination von Materialien und Strukturen.

Effektive Außenbeleuchtung können Sie bereits mit einigen schwachen Leuchten – so gestellt, daß sie die Fassade schräg anleuchten – erreichen. Spots mit relativ schmalem Lichtstrahl sind breiteren Flutern vorzuziehen, da diese über die Grenzen Ihres eigenen Grundstückes hinausstrahlen könnten.

Links: Die im Boden eingelassenen Halogenstrahler verwandeln die Umfassungsmauer in ein kunstvolles Relief und erzeugen eindrucksvolle Reflexe auf der Oberfläche des Pools.

Gartenbeleuchtung

Einen Garten zu beleuchten, ähnelt mehr dem Malen mit Licht als dem praktischen Ausleuchten eines Raumes. Der ästhetische Effekt überwiegt, das bedeutet, man muß Farbe, Helligkeit und Plazierung genau bedenken. Doch die Mühe lohnt sich: Fast jeder Garten gewinnt durch ausgewogene Beleuchtung.

Der Schlüssel zum Erfolg ist Farbe. Nicht umsonst sprechen Franzosen, wenn sie von der Dämmerung reden, von der *l'heure bleue*, der ›blauen Stunde‹ – eine schöne Beschreibung für die Tageszeit, in der Himmel und Landschaft den gleichen kühlen Farbton annehmen. Nach Sonnenuntergang sind unsere Augen sensibler für das blaue Ende des Farbspektrums, daher erscheinen Mond- und Sternenlicht silbern. Demnach müßte die natürlichste Gartenbeleuchtung eigentlich diesen blauen Ton imitieren. Doch da wir uns im allgemeinen mehr zu warmen Lichtflecken hingezogen fühlen, wenn es um Entspannung, Essen und Gesellschaft geht, sollte die Gartenbeleuchtung aus einer Mischung kühler und warmer Lichtquellen bestehen – kühl zur Betonung von Pflanzen und warm für Plätze, an denen man sich aufhält. Diese Mischung erreicht man am einfachsten, indem man Glühlampen und Kerzen mit Halogenstrahlern kombiniert.

Was den Grad der Helligkeit angeht, versuchen Sie nicht, die Nacht zum Tag zu machen. Verwenden Sie schwache Lichtquellen, sonst riskieren Sie unangenehme Kontraste zwischen beleuchteten Plätzen und Umgebung. Wo zusätzlich Licht gebraucht wird, z. B. im Grill- oder Sitzbereich, können Kerzen ausreichend Licht spenden.

Die Außenbeleuchtung beeinflußt auch Innenräume. Ist das Licht außen zu hell, wirkt sie unangenehm im Inneren. Umgekehrt kann die Helligkeit draußen von Licht, das durch Fenster und Türen scheint, beeinflußt werden. So eignen sich ganz oder teilweise verglaste Gewächshäuser, die von innen beleuchtet sind, hervorragend für bewundernswerte Außenbeleuchtung. Ist das Licht innen jedoch zu hell, wird die Glasfläche zum Spiegel. Niedrige Bodenfluter mit verdeckten Lichtquellen innen und außen bewahren die Transparenz des Glases. Mitunter muß man ein wenig ausprobieren, wie hell die Lichter sein dürfen.

Lichtquellen im Außenbereich sollten nach Möglichkeit verborgen und niedrig angebracht sein. Mehrere schwache, kleine Leuchten in günstiger Position verleihen dem Garten Attraktivität und

***Links:** Ein Unterwasserspot verwandelt den Gartenteich nachts in eine mysteriöse Grotte – ein magischer Effekt, der durch die funkelnden kleinen Teelichter noch verstärkt wird.*

Strahlern beleuchtet. Eingesteckte oder eingegrabene Uplighter zeichnen wirkungsvoll das Blattwerk nach und lassen Blattformen wie Reliefs erscheinen.

Ein von hinten beleuchteter Baum erhält eine faszinierende Silhouette, was besonders bei unbelaubten Ästen im Winter sehr wirkungsvoll ist. Frontale Beleuchtung bringt das Laub besser zur Geltung, läßt jedoch den oberen Teil des Baumes im Dunkeln. Beleuchtung von unten läßt Laub und Äste im Licht schimmern. Andere Gartenelemente, etwa Töpfe, Vasen und Springbrunnen, können genauso beleuchtet werden wie dekorative Objekte im Haus. Niedrige, seitlich angebrachte Strahler akzentuieren die Form, Licht von hinten die Silhouette, Licht von oben hat eine geradezu dramatische Wirkung, erinnert an Bühnenbeleuchtung.

Swimmingpools, Teiche und Springbrunnen bieten sich besonders für reizvolle Beleuchtungseffekte an. Die Wasseroberfläche ist bereits tagsüber eine wunderschöne Reflexionsfläche; nachts kann dieser Effekt durch sorgfältige Beleuchtung noch verstärkt werden. Einen Teich rundherum oder die Pflanzen darum zu beleuchten, wirkt sehr romantisch. Mittlerweile gibt es am Markt auch spezielle wasserfeste Lampen, die – unter Wasser eingesetzt – einen glühenden Lichtreiz schaffen.

***Oben:* Einfache Kerzen in einem Glas- oder Metallbehälter bieten eine schnelle und billige Möglichkeit, einen Innenhof zauberhaft zu beleuchten.**

***Rechts:* Kerzen in kunstvoll durchbrochenen Laternen werfen reizvolle Schattenmuster. Verdeckte Strahler beleuchten den einfachen Brunnen.**

Lebendigkeit. Behandeln Sie den Garten mehr wie eine Reihe miteinander verbundener Flecken denn wie eine Fläche, die einheitlich beleuchtet werden muß.

Ein alter Baum, eine efeubewachsene Mauer, ein Teich oder ein Springbrunnen können nachts zu magischen Anziehungspunkten werden. Setzen Sie Licht ein, um Strukturkontraste zu betonen oder reizvolle Schattenmuster zu schaffen. Beleuchten Sie Pflanzen von hinten, und lassen Sie die Gartenstrukturen als Silhouette erscheinen. Indem Sie zusätzlich Ornamente und Vasen anstrahlen, schaffen Sie in Ihrem Garten ein geradezu malerisches Ambiente. Sie können auch mit Perspektive experimentieren: Eine Reihe Laternen, die sich in der Ferne verliert, läßt einen Garten größer und geheimnisvoller aussehen, als er tatsächlich ist.

Gartenpflanzen, von kleinen Sträuchern bis zu ausgewachsenen Bäumen, werden am besten mit in Bodennähe angebrachten

Oben: Das gemütliche Licht der aufgehängten Laternen reicht zum Essen aus.

Oben rechts: Winzige tanzende Kerzenflammen beleuchten die Stufen der Außentreppe.

Rechts: Gartenbeleuchtung sollte subtil und geheimnisvoll sein. Es gilt nicht, das Tageslicht zu ersetzen, sondern die Strukturen des Gartens zu betonen.

Wege und Terrassen sollten schon aus praktischen Gründen ausreichend beleuchtet sein. Doch für gewöhnlich werden sie zu hell beleuchtet, während interessantere Gartenteile und bepflanzte Flächen im Dunkeln verschwinden. Anstelle einer einzigen, allzu hellen Leuchte kann man eine Außentreppe, einen Weg oder eine gepflasterte Fläche durch mehrere in Bodennähe angebrachte Leuchten ausreichend erhellen, ohne den gesamten Bereich mit Licht zu überfluten.

Wenn Sie häufig draußen grillen oder essen, brauchen Sie um Grill und Tisch herum mehr Licht. Stellen Sie die Leuchten seitlich und hinter dem Grill auf, damit Sie sich nicht selbst im Licht stehen. An einer Laube oder einem Spalier angebrachte Strahler erhellen den Tisch. Neben Kerzen wirken übrigens Fackeln grandios im Außenbereich.

Lichtplanung

Licht und Farbe

Licht ist seit Jahrhunderten ein Thema der Wissenschaft. Definiert wird es als der sichtbare Bereich der von einer Lichtquelle ausgehenden elektromagnetischen Strahlung. Licht weist eine merkwürdige Doppelnatur auf: Bei seiner Ausbreitung im Raum verhält es sich wie Wellen, beim Entstehen (Emission) und Verschwinden (Absorption) wie Teilchen.

Natürliches Licht bzw. Sonnenlicht ist der Maßstab für alle künstlichen Alternativen. Von unserem Auge wird natürliches Licht als weißes Licht wahrgenommen, ist aber in Wirklichkeit eine Mischung aller Farben des Spektrums. Das zeigt sich, wenn man einen Sonnenstrahl auf ein Prisma treffen läßt, der dann in die Farben des Spektrums (Rot, Orange, Gelb, Grün, Blau, Purpur, Violett) zerfällt. Alle diese Farben, zu gleichen Teilen gemischt, ergeben weißes Licht.

Jeder Teil des Spektrums hat seine eigene Wellenlänge, die in Nanometer (Millionstel Millimeter, nm) gemessen wird. Unsere Augen können Licht nur in dem Bereich zwischen 400 nm (Blau) und 700 nm (Rot) wahrnehmen. Unter 400 nm liegen die kürzeren Ultraviolett-, Röntgen- und Gammastrahlen, über 700 nm die längeren Wellen des Infrarotlichts.

Künstliche Lichtquellen können das Tageslicht nur imitieren. Manche Lampen strahlen fast ganz weiß, andere spenden eindeutig farbiges Licht, wodurch unsere Farbwahrnehmung entscheidend beeinflußt wird.

Im Gegensatz zur allgemeinen Annahme ist Farbe keine physikalische Eigenschaft eines Objekts, sondern eine durch Licht ausgelöste und durch das Auge vermittelte Sinnesempfindung. Ein roter Apfel ist nicht an sich rot, sondern er absorbiert Licht aller Wellenlängen außer der roten, das auf unsere Augen zurückfällt. Bei weißem Licht, das aus intensitätsgleichen Wellen aller Wellenlängen aus dem sichtbaren Bereich besteht, werden Farben getreu wiedergegeben. Tendiert das Licht jedoch zu einem bestimmten Teil des Spektrums, nehmen wir Farben anders wahr.

Nördlicher blauer Himmel
Das kühle, blaue Licht des Nordens liegt im Bereich von 8.000 Kelvin und mehr.

Direktes Sonnenlicht am Mittag
Das Licht der Mittagssonne ist das weißeste mit ungefähr 5.500 Kelvin.

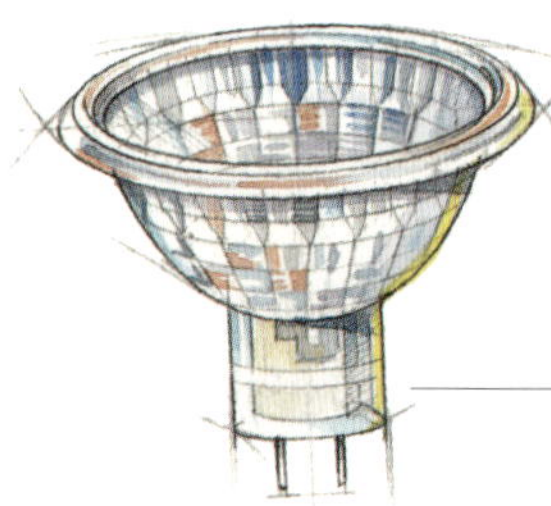

Halogenlampe
Die Halogenlampe strahlt ein merklich kühleres Licht aus als die Glühbirne. Sie hat eine Farbtemperatur von mehr als 3.000 Kelvin.

150-Watt-Glühbirne
Glühbirnen geben das meiste Licht im gelben bis roten Bereich des Spektrums ab und besitzen eine niedrige Farbtemperatur (um 2.900 Kelvin).

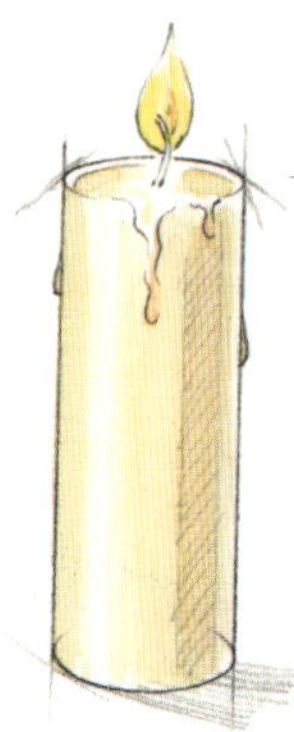

Kerze
Der sanfte gelbe Schein der Kerze ist mit rund 2.000 Kelvin der wärmste Lichtschein.

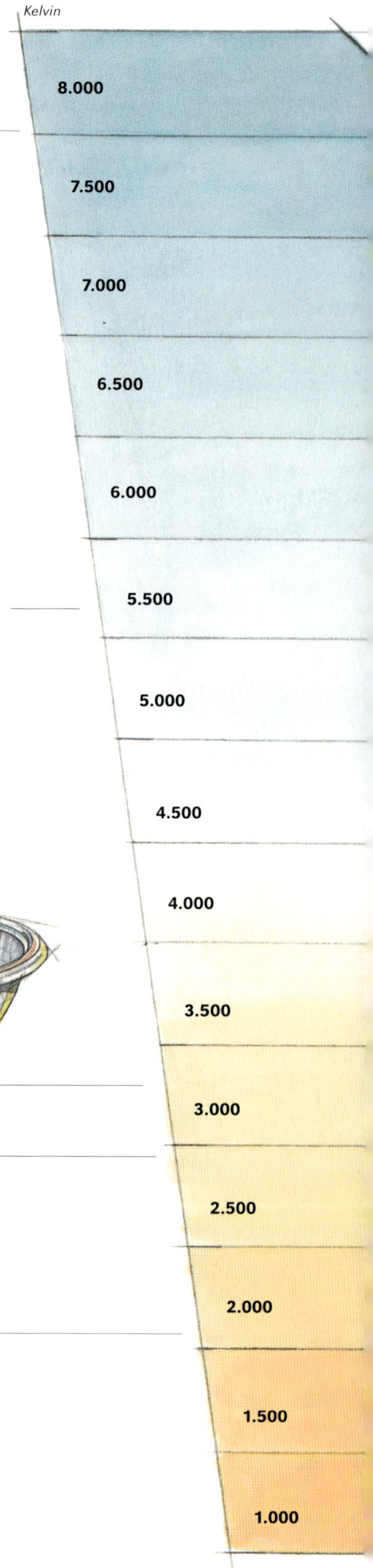

Farbtemperatur

Die Tönung des Lichts wird als seine Farbtemperatur definiert. Sie wird in Kelvin (K) gemessen. Paradoxerweise wirkt eine Lichtquelle umso kühler, je höher ihre Farbtemperatur ist (oder je weiter das Spektrum nach Blau verschoben ist). So wird beispielsweise das Licht einer normalen Glühbirne, durch ein Prisma gesehen, nicht gleichmäßig in alle Farben aufgespalten (wie das weiße Licht), sondern scheint hauptsächlich aus dem roten und gelben Bereich des Spektrums. Seine Farbtemperatur ist mit 2.900 Kelvin relativ niedrig, doch für unsere Augen erscheint dieses Licht warm. Kerzenlicht mit 2.000 Kelvin ist noch wärmer, während ein bedeckter Himmel mit 7.500 Kelvin kühl und bläulich wirkt. Das mittägliche Sonnenlicht befindet sich im mittleren Bereich des Spektrums bei etwa 5.500 Kelvin.

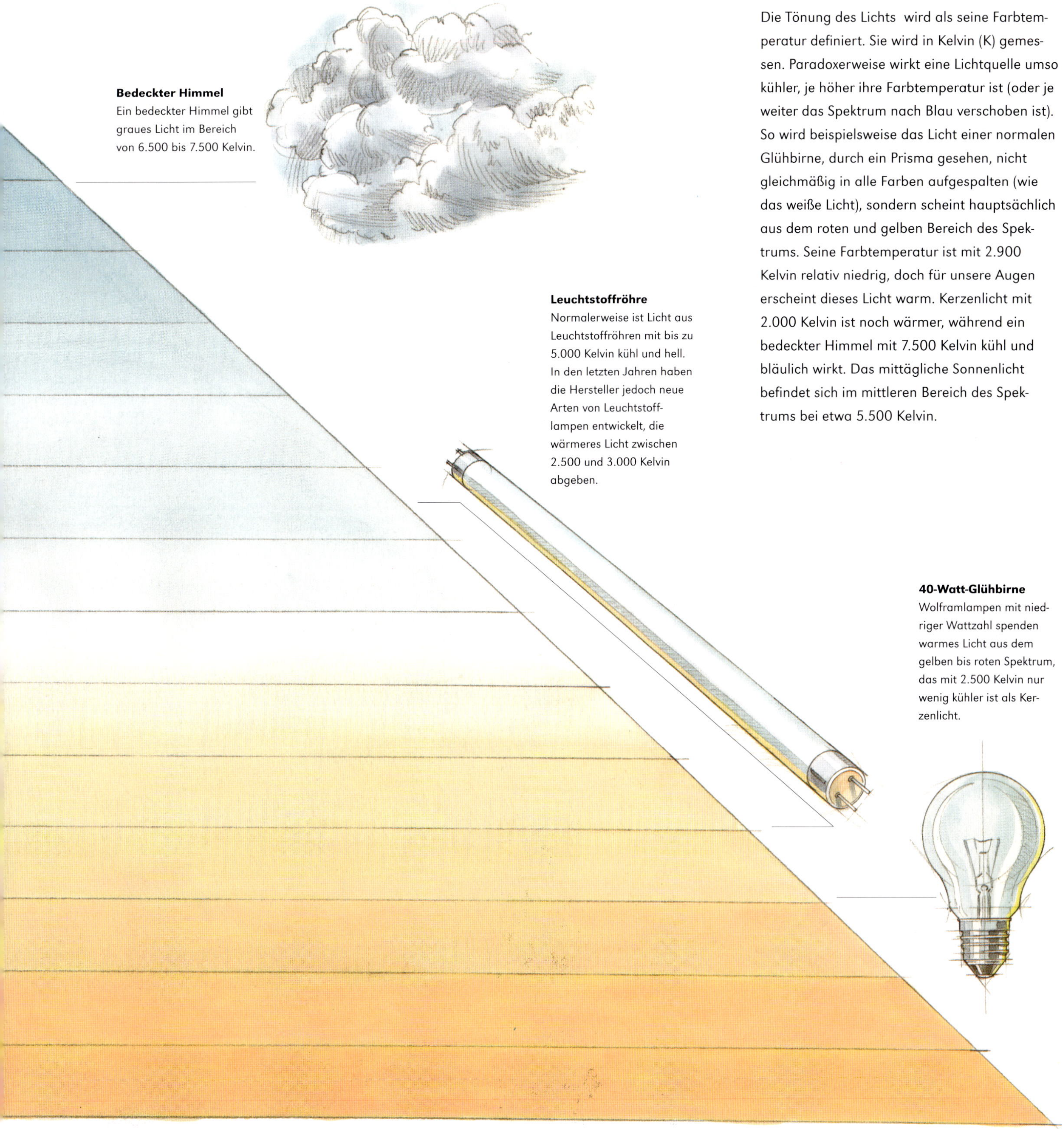

Bedeckter Himmel
Ein bedeckter Himmel gibt graues Licht im Bereich von 6.500 bis 7.500 Kelvin.

Leuchtstoffröhre
Normalerweise ist Licht aus Leuchtstoffröhren mit bis zu 5.000 Kelvin kühl und hell. In den letzten Jahren haben die Hersteller jedoch neue Arten von Leuchtstofflampen entwickelt, die wärmeres Licht zwischen 2.500 und 3.000 Kelvin abgeben.

40-Watt-Glühbirne
Wolframlampen mit niedriger Wattzahl spenden warmes Licht aus dem gelben bis roten Spektrum, das mit 2.500 Kelvin nur wenig kühler ist als Kerzenlicht.

Farbwiedergabe

Während die Farbtemperatur das Aussehen des Lichts selbst angibt, bezeichnet die Farbwiedergabe die Art, in der das Licht die Farbe eines beleuchteten Objekts wiedergibt. Die Wirkung des Lichts auf Farbe hängt von der jeweiligen Wellenlänge des Lichts ab. Kühles Leuchtstofflicht besitzt z. B. eine Farbtemperatur, die dem Tageslicht ähnelt, bei genauer Betrachtung seines Spektralmusters zeigt sich jedoch, daß es bei Grün und Orange ›Spitzen‹ hat, die das Aussehen von Farben unangenehm verzerren können.

Auch unsere Augen reagieren verschieden auf unterschiedliche Wellenlängen des Lichts. Tagsüber sehen wir am besten in der Mitte des Spektrums, im Bereich von grün bis gelb, daher wirkt eine grüne Landschaft so beruhigend; nicht zuletzt werden grüne Jalousien, Vorhänge und grünes Glas als gut für die Augen empfunden. Nachts verlagert sich der Bereich zu Blau hin – beachten Sie, daß graue Flächen, weiße und blaue Blumen in der Dämmerung plötzlich brillant erscheinen. Aus diesen Gründen ist es schwierig, die charakteristische Farbwiedergabe der verschiedenen Leuchtmittel genau anzugeben. Sie hängt großenteils auch von der Umgebung ab, in der sie verwendet werden. Fotografien desselben Interieurs mit verschiedenen Lampen beleuchtet, helfen zwar, die Unterschiede zu verdeutlichen, doch letztendlich kommt es darauf an, was gut aussieht und wobei man sich wohlfühlt.

Energieverbrauch und Lebensdauer

Andere Faktoren, die man leichter definieren kann, sind der Energieverbrauch und damit verbunden auch die Lebensdauer einer Lampe. Allgemein gilt: Je ausgeglichener das Farbspektrum – in anderen Worten, je farbtreuer das Leuchtmittel –, desto mehr Energie braucht es, um dieses Licht zu erzeugen. Zu den sparsamsten und langlebigsten Lichtquellen zählen die Natrium-Niederdrucklampen, die gewöhnlich in Straßenlaternen verwendet werden. Das Licht dieser Lampen entspricht dem mittleren oder gelben Teil des Spektrums, dem Teil, auf den unsere Augen am sensibelsten reagieren. Diese Lampen sind nicht nur sehr sparsam, auch die Helligkeit muß nicht so hoch sein, um uns unsere Umgebung erkennen zu lassen. Doch so energieeffizient und kostengünstig das Licht von Natrium-Niederdrucklampen ist, so wenig lassen sich damit Farben differenzieren.

Generell haben Lampen, die weniger Energie brauchen, eine längere Lebensdauer. Diese wird jedoch stark durch die Art des Gebrauchs beeinflußt. Die Lebensdauer einer Glühbirne verkürzt sich beispielsweise durch häufiges An- und Ausschalten drastisch. Lebensdauer ist ein relatives Maß. Wolframglühlampen arbeiten mit gleicher Kapazität, bis sie ausbrennen, Leuchtstofflampen dagegen werden mit der Zeit immer schwächer. Durch Dimmer läßt sich die Lebensdauer einiger Lampen allerdings wesentlich verlängern.

***Gegenüber:** Diese vereinfachten Diagramme der Wellenlänge verschiedener Lichtarten demonstrieren ihre unterschiedlichen Eigenschaften der Farbwiedergabe.*

***Unten:** Leuchtstofflicht hat Spitzen im gelben und grünen Teil des Spektrums und betont daher kühle gelbe Farbtöne.*

***Unten:** Glühbirnen mit ihrem Hauptanteil im roten Teil des Spektrums spenden warmes, sanftes Licht.*

***Unten:** Da Halogen ein ausgewogenes Spektralmuster ähnlich dem des Tageslichts hat, ist es außerordentlich farbtreu.*

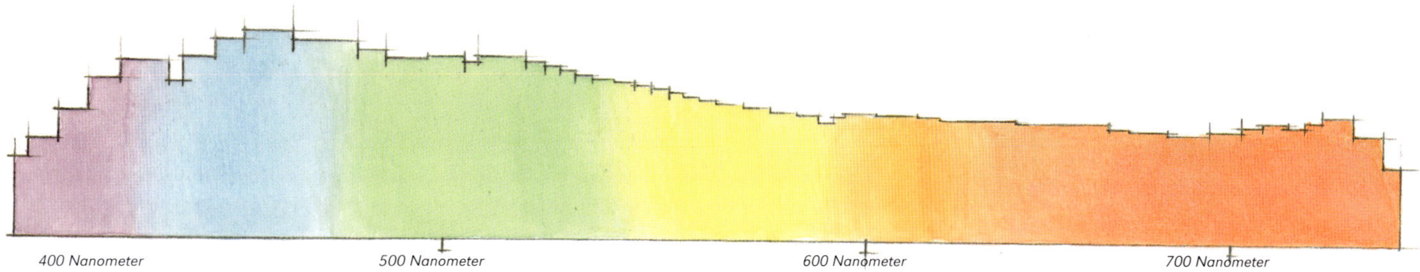

Tageslicht

Tageslicht enthält das gesamte Spektrum - in anderen Worten, es ist reines weißes Licht, eine Mischung aller Farben des Spektrums zu gleichen Teilen.

Licht der Glühlampe

Wolframlicht hat keine inakzeptablen Spitzen in seinem Spektralmuster, daher hat es gute Farbwiedergabeeigenschaften. Es tendiert jedoch stark zum roten und orangefarbenen Ende des Spektrums und betont so warme Farbtöne.

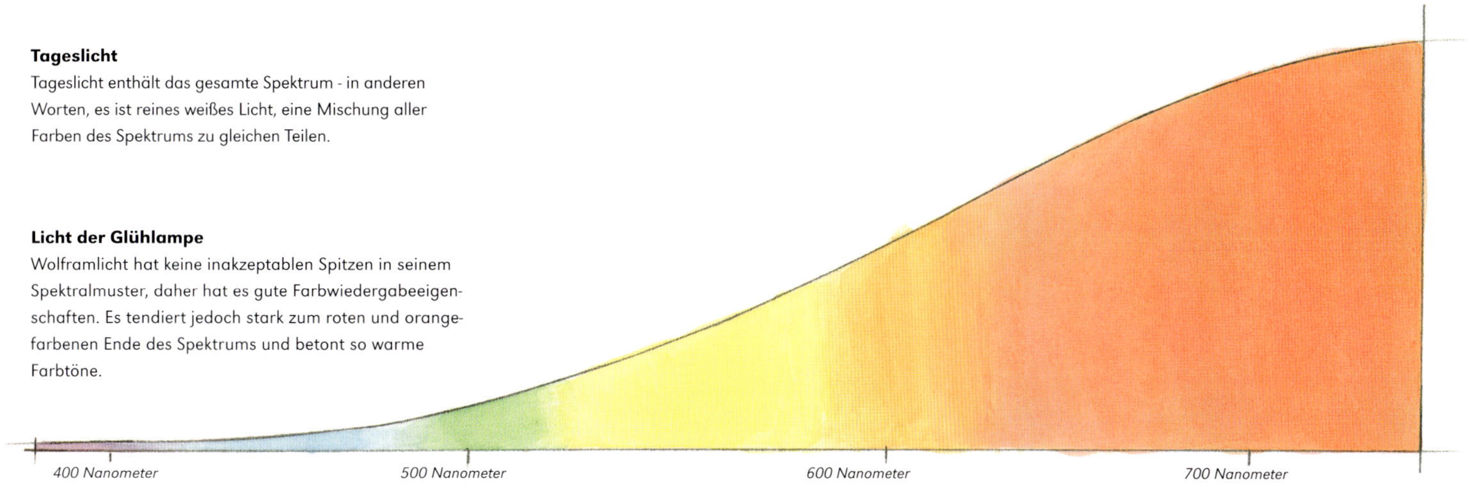

Halogenlicht

Die Wellenlängen des Halogenlichts sind wesentlich gleichmäßiger über das Spektrum verteilt als bei Wolframlicht. Farben erscheinen daher klarer.

Leuchtstofflicht

Leuchtstofflicht hat dramatische Spitzen im grün-gelben Teil des Spektrums und kann Farben daher ziemlich verzerren.

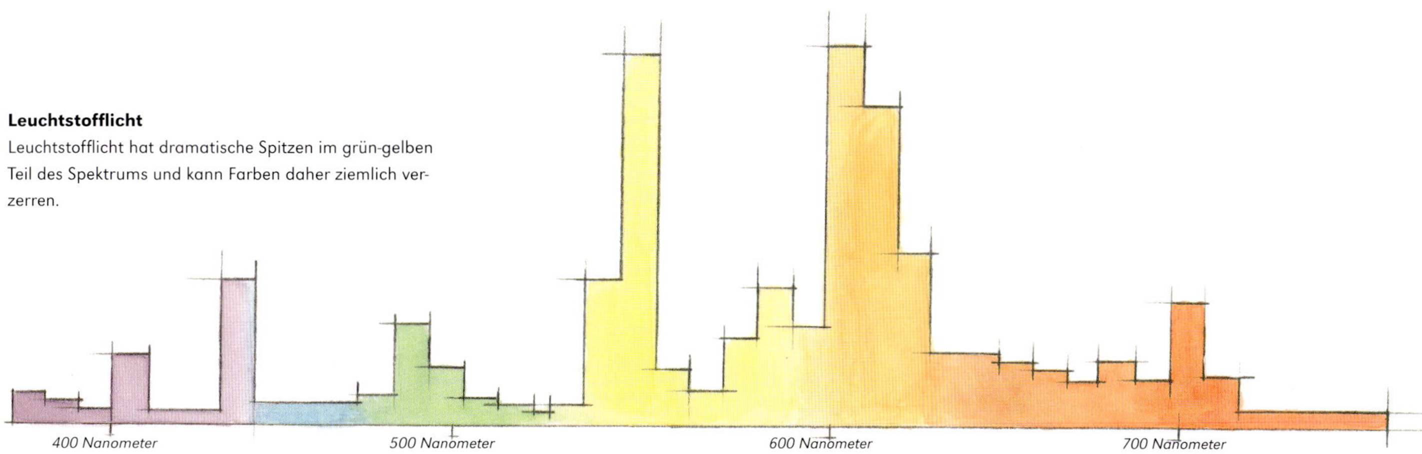

Errechnen des Lichtbedarfs

Der erste Schritt bei der Planung eines Beleuchtungssystems ist es, Ihren persönlichen Bedarf an Licht zu errechnen. Wieviel Licht brauchen Sie? Wo brauchen Sie Licht? Welche Leuchten sollten fest, welche flexibel installiert sein?

Professionelle Lichtplaner müssen ästhetisches Gespür mit hohem technischen Fachwissen kombinieren. Bei der Herausforderung, ein neues Beleuchtungssystem für ein Gymnasium, Theater, Museum, für Einkaufsarkaden oder ein Hotelfoyer zu planen, reicht Instinkt nicht aus. In solcher Umgebung gibt es nicht unbedingt Vorläufer in bezug auf die Lichtanlage, und oft werden, bedingt durch die dort stattfindenden Aktivitäten, besondere Anforderungen an ein Lichtsystem gestellt. Daher müssen Lichtplaner bis zu einem gewissen Grad in der Lage sein, zu berechnen, wieviel Licht ein Raum braucht. Ihre komplexen Berechnungen bemessen, wieviel Licht eine bestimmte Lichtquelle ausstrahlt, wieviel Licht tatsächlich auf einer Oberfläche ankommt und wieviel zurückgeworfen wird. In der Sprache der Lichtplaner wird das Licht, das von einer Lampe ausgeht, in Lumen angegeben, die Lichtmenge, die auf eine Oberfläche trifft, in Lux oder Lumen pro Quadratmeter; der Widerschein einer Fläche oder das Licht, das sie reflektiert, wird in Candela pro Quadratmeter gemessen. Durch Vergleich mit der für bestimmte Aufgaben, Anforderungen oder Interieurs empfohlenen Luxzahl können Lichtplaner die erforderliche Lichtmenge genau berechnen.

Unten: Wände, Decke und Boden eines Raumes reflektieren je nach Farbe und Struktur unterschiedlich viel Licht. Die Lichtmenge, die von einer Fläche zurückgestrahlt wird, wird in Prozent gemessen. Eine weiße Fläche reflektiert 80% des auftreffenden Lichtes; ein Raum mit weißen Wänden und Decken bietet daher ein helles, gleichmäßiges Lichtniveau.

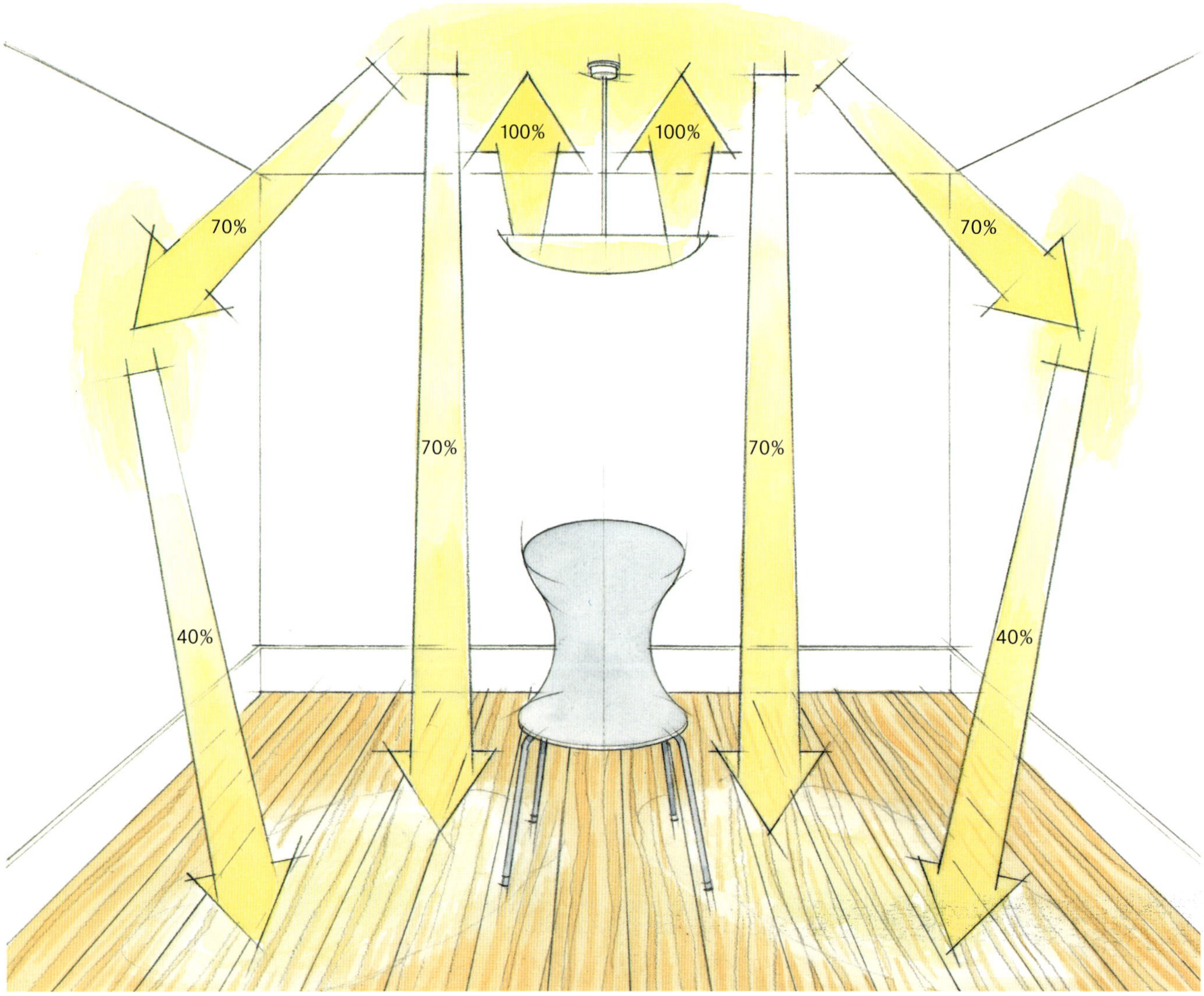

All dies mag für den Lichtplaner zu Hause relativ bedeutungslos sein, und Begriffe wie ›Lichtfluß‹ schaffen nur Verwirrung. Die meisten von uns haben eine Vorstellung von diesem Thema, die der der exzentrischen Tante in einer Erzählung von James Thurber ähnelt, die dachte, daß elektrischer Strom aus ihren Steckdosen fließe wie Wasser aus dem Hahn. Solche Messungen verdeutlichen jedoch – auch wenn sie nicht nötig sind und nicht jedermann die Ausrüstung dafür hat –, daß das Licht im Raum nicht ausschließlich von der Helligkeit einer Lampe abhängt, sondern auch von der Richtung des Lichts, der Entfernung der Lampe von einer Oberfläche und von deren Beschaffenheit.

Das von einer Fläche reflektierte Licht wird in Prozent gemessen. Helle Flächen wie weiße Ziegelmauern, weißer Putz oder heller Marmor absorbieren 30% des auftreffenden Lichts und reflektieren zwischen 60 und 80%, Wände und Böden mit einer dunklen Farbe absorbieren 85 bis 90% des auftreffenden Lichts und reflektieren nur 10 bis 15%, matte schwarze Flächen sogar nur 5%, d. h. die Helligkeit eines Raumes wird durch verschiedene Oberflächen entscheidend beeinflußt. Es ist wichtig, diese Zahlen bei einer Renovierung zu beachten. In einem Raum mit weißer Decke und weißen Wänden kann sich das Licht ausgezeichnet verteilen, auch in einem Raum mit weißer Decke und dunklen Wänden ist die Verteilung annehmbar. Ein Raum mit dunklen Wänden und dunkler Decke reflektiert dagegen nur wenig Licht, die Helligkeit ist eher gering. In einem solchen Raum braucht man viel mehr Lampen, aber auch Lampen mit höherer Wattstärke, um die gleiche Helligkeit zu erhalten wie in einem Raum mit hellen Wänden.

Die Struktur der Oberflächen ist ein anderer wichtiger Faktor für die Helligkeit eines Raumes. Matte Oberflächen wie roher Putz, Mauerwerk und Stoff absorbieren und streuen Licht, während glänzende Oberflächen wie Glas und Marmor es reflektieren. Auch die Richtung des Lichts ist wichtig. Punktuell ausgerichtete Leuchten wie Tiefstrahler oder Schreibtischleuchten tauchen eine relativ kleine Fläche in relativ helles Licht (= Arbeitslicht). Diese Fläche wirkt umso heller, je näher sie sich an der Lichtquelle befindet, aber außerhalb des eigentlichen Lichtstrahls ist die Helligkeit gering. Andererseits ist Licht, das erst von der Decke und dann von den Wänden reflektiert wird, weniger hell, da jede dieser Flächen etwas Licht absorbiert hat (= Umgebungs- oder Hintergrundlicht).

In der Praxis ist es nicht notwendig, die Helligkeit zu Hause zu messen. Die Zimmer einer Wohnung sind nicht so vielseitig wie öffentliche oder gewerbliche Räume. In der Regel können Sie sich auf Ihre Erfahrungen mit Licht, Ihren gesunden Menschenverstand und Ihr Gefühl verlassen, um festzustellen, ob die Helligkeit angemessen ist. Ein paar Zahlen mögen jedoch als Vergleich ganz nützlich sein: 50 Lux sind das Minimum, bei dem wir unsere Umgebung erkennen und uns sicher in einem Raum bewegen können. Diese Lichtmenge läßt jedoch kaum Farben oder Details hervortreten (manche wertvolle Gemälde oder Textilien, die unter Licht Schaden nehmen können, müssen bei Bedingungen unter 50 Lux aufbewahrt werden). Die angemessene Helligkeit in einem verdunkelten Zuschauerraum im Theater liegt bei 100 Lux, während 200 Lux für einen Raum ausreichen, in dem nicht konzentriert gearbeitet wird. Arbeitsräume wie Küchen, in denen es auf Details und Farben ankommt, benötigen ungefähr 300 bis 500 Lux. Lesen oder Schreiben erfordert Helligkeit von 500 bis 700 Lux, und wenn man sich stark auf Feinheiten oder kleine Einzelteile konzentriert sowie feine Farbunterschiede erkennen muß, braucht man mindestens 1.000 Lux. Tageslicht ist vergleichsweise blendend: Bei bedecktem Himmel beträgt die Helligkeit draußen 5.000 Lux, an einem klaren Sommertag kann sie bis zu 100.000 Lux betragen.

Wenn man wissen will, wieviel Licht ein Raum braucht, muß man klären, welche Aufgaben und Aktivitäten dort stattfinden. Wird z. B. in einem Zimmer genäht, braucht man mehr Licht, als wenn dort nur ferngesehen wird. Man sollte auch beachten, daß wir mit zunehmendem Alter mehr Licht brauchen. Mit 40 Jahren brauchen wir dreimal so viel Licht für unsere Arbeiten wie mit 10, und mit 60 sogar fünfzehnmal so viel.

Dies sind jedoch nur ungefähre Richtlinien. Beleuchtung ist schließlich genauso Sache des Geschmacks wie der Technik. Was für den einen gemütlich wirkt, erscheint dem anderen wie eine Gruft und blendet den dritten. Am besten probiert man verschiedene Lichtstufen aus, indem man zunächst ein paar günstige Leuchten kauft. Mit Strahlern wie Klemmleuchten läßt sich die Wirkung von Uplightern, Downlightern oder schräg gerichtetem Licht prüfen, kleine Tischleuchten erzeugen einen guten Eindruck vom Umgebungslicht. Mit Verlängerungskabeln und, wenn nötig, mit der Hilfe von Freunden kann man unterschiedliche Positionen und Kombinationen testen. Ratsam ist es auch, Glühbirnen in verschiedenen Wattstärken zur Hand zu haben, um den Effekt der verschiedenen Lampen und Helligkeitsstufen zu prüfen.

Auch eine Kamera hilft Ihnen, den Lichtbedarf eines Raumes zu analysieren. Machen Sie mehrere Aufnahmen des Raumes, den Sie beleuchten wollen, aus möglichst großer Entfernung und ohne Blitz. Da der Film nicht so sensibel ist wie das menschliche Auge und Unterschiede in der Helligkeit nicht ausgleichen kann, übertreiben die Photos die bestehenden Lichtverhältnisse und zeigen Ihnen so, wo mehr Tiefe und Konzentration des Lichts erforderlich ist.

Wenn Sie festgestellt haben, in welchem Teil des Raumes Sie mehr Licht brauchen, sollten Sie einen qualifizierten Elektriker zu Rate ziehen (siehe Seite 186). Er oder sie wird Ihre ›elektrische Infrastruktur‹ prüfen und Ihnen sagen, ob wegen veralteter elektrischer Installationen Einschränkungen bestehen. Bevor Sie sich jedoch an den Fachmann wenden, lohnt es sich, eine grobe Skizze des zu beleuchtenden Raumes zu machen. Darauf sollten Sie festlegen, wo Sie welche Lampen installieren wollen und wo Sie neue Steckdosen und Schalter brauchen (siehe Seiten 174–175). Mit dieser wertvollen Information bewaffnet, werden Sie in der Lage sein, ein effektives Beleuchtungssystem zu planen, das allen Ihren Anforderungen entspricht.

Skizze des zu beleuchtenden Raumes

Messen Sie den Raum aus, den Sie beleuchten wollen, und zeichnen Sie eine maßstabsgetreue Skizze des Raumes. Markieren Sie alle Architekturmerkmale wie Kamine, Nischen, Fenster und Türen. Tragen Sie die Lage der vorhandenen Stromanschlüsse, Schalter und Deckenrosetten ein. Die beiden unten aufgeführten Pläne helfen Ihnen, anhand spezieller Fragen zu entscheiden, auf welche Tätigkeiten und Merkmale Ihr Beleuchtungssystem ausgerichtet sein muß, wie man das Tageslicht am besten nutzt und wo Probleme auftreten können.

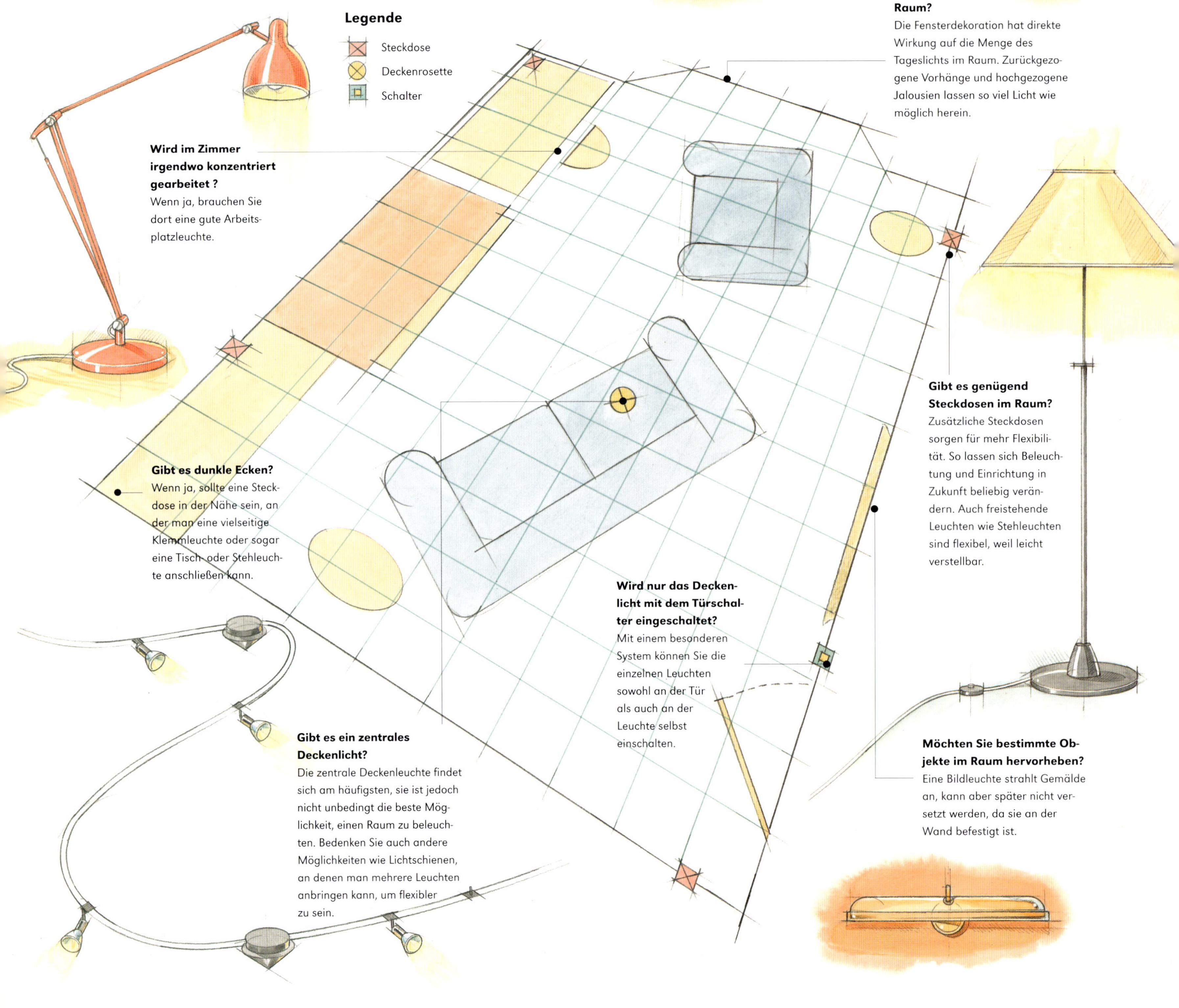

Wieviel Tageslicht fällt in den Raum?
Die Fensterdekoration hat direkte Wirkung auf die Menge des Tageslichts im Raum. Zurückgezogene Vorhänge und hochgezogene Jalousien lassen so viel Licht wie möglich herein.

Wird im Zimmer irgendwo konzentriert gearbeitet ?
Wenn ja, brauchen Sie dort eine gute Arbeitsplatzleuchte.

Gibt es genügend Steckdosen im Raum?
Zusätzliche Steckdosen sorgen für mehr Flexibilität. So lassen sich Beleuchtung und Einrichtung in Zukunft beliebig verändern. Auch freistehende Leuchten wie Stehleuchten sind flexibel, weil leicht verstellbar.

Gibt es dunkle Ecken?
Wenn ja, sollte eine Steckdose in der Nähe sein, an der man eine vielseitige Klemmleuchte oder sogar eine Tisch- oder Stehleuchte anschließen kann.

Wird nur das Deckenlicht mit dem Türschalter eingeschaltet?
Mit einem besonderen System können Sie die einzelnen Leuchten sowohl an der Tür als auch an der Leuchte selbst einschalten.

Gibt es ein zentrales Deckenlicht?
Die zentrale Deckenleuchte findet sich am häufigsten, sie ist jedoch nicht unbedingt die beste Möglichkeit, einen Raum zu beleuchten. Bedenken Sie auch andere Möglichkeiten wie Lichtschienen, an denen man mehrere Leuchten anbringen kann, um flexibler zu sein.

Möchten Sie bestimmte Objekte im Raum hervorheben?
Eine Bildleuchte strahlt Gemälde an, kann aber später nicht versetzt werden, da sie an der Wand befestigt ist.

In welcher Richtung liegt das Fenster?
Die Ausrichtung des Raumes beeinflußt das Licht im Inneren besonders stark. Licht von Norden ist kühler und weißer als das von Süden. Wählen Sie sonnigere Räume als Wohnzimmer und düstere als Schlafzimmer, da letztere meist nach Einbruch der Dunkelheit benutzt werden.

Blenden die vorhandenen Lampen?
Deckenleuchten besitzen oft eine schlechte Lichtqualität oder blenden gar. Das gilt vor allem im Schlafzimmer, wo Sie meist im Bett liegen. Wenn Sie ein Deckenlicht haben wollen, nehmen Sie eines mit verdecktem Leuchtmittel.

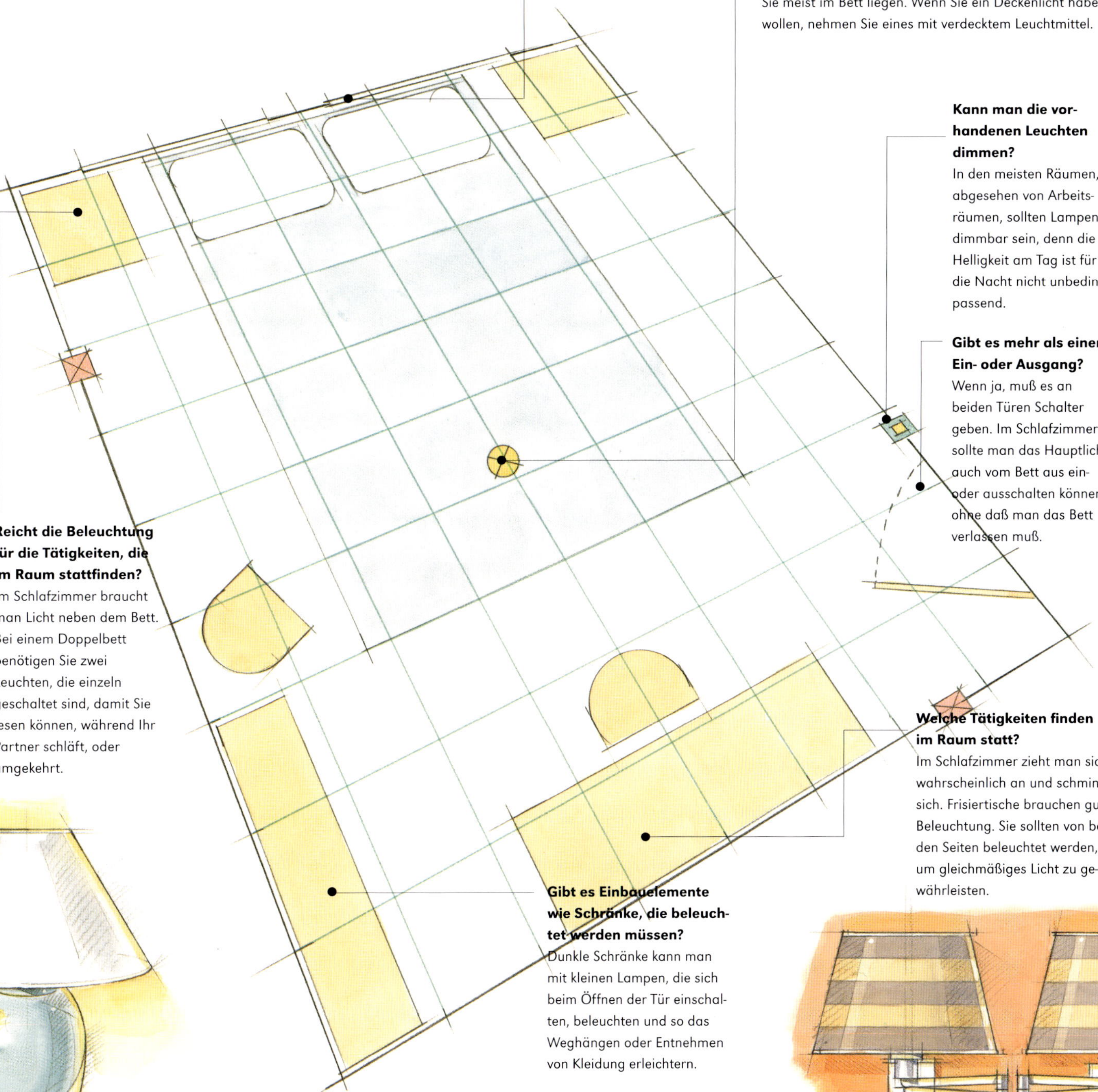

Kann man die vorhandenen Leuchten dimmen?
In den meisten Räumen, abgesehen von Arbeitsräumen, sollten Lampen dimmbar sein, denn die Helligkeit am Tag ist für die Nacht nicht unbedingt passend.

Gibt es mehr als einen Ein- oder Ausgang?
Wenn ja, muß es an beiden Türen Schalter geben. Im Schlafzimmer sollte man das Hauptlicht auch vom Bett aus ein- oder ausschalten können, ohne daß man das Bett verlassen muß.

Reicht die Beleuchtung für die Tätigkeiten, die im Raum stattfinden?
Im Schlafzimmer braucht man Licht neben dem Bett. Bei einem Doppelbett benötigen Sie zwei Leuchten, die einzeln geschaltet sind, damit Sie lesen können, während Ihr Partner schläft, oder umgekehrt.

Welche Tätigkeiten finden im Raum statt?
Im Schlafzimmer zieht man sich wahrscheinlich an und schminkt sich. Frisiertische brauchen gute Beleuchtung. Sie sollten von beiden Seiten beleuchtet werden, um gleichmäßiges Licht zu gewährleisten.

Gibt es Einbauelemente wie Schränke, die beleuchtet werden müssen?
Dunkle Schränke kann man mit kleinen Lampen, die sich beim Öffnen der Tür einschalten, beleuchten und so das Weghängen oder Entnehmen von Kleidung erleichtern.

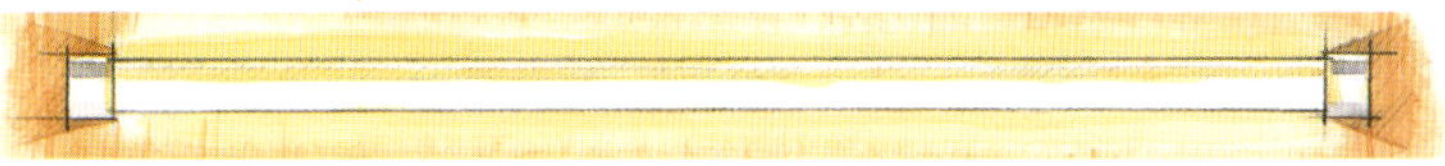

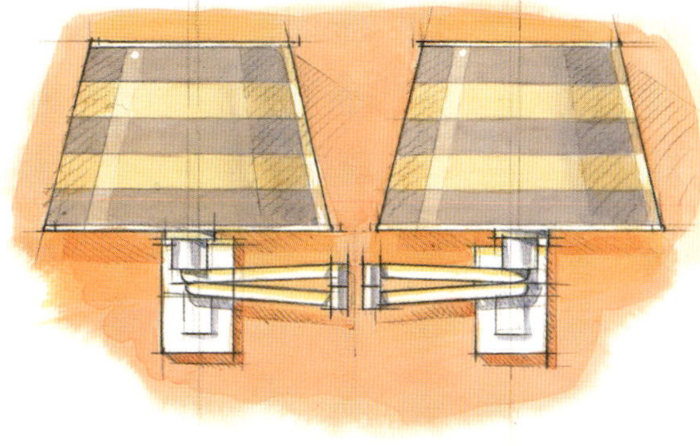

Glühlampen

Es gibt heute eine verwirrende Menge an Glühbirnen (oder korrekter, an Lampen). Dieser Abschnitt stellt eine Auswahl der gebräuchlichsten Leuchtmittel auf dem Markt vor und erklärt kurz ihre Form und Funktion. Verschiedene Lampentypen sind eng mit besonderen Leuchtmitteln verbunden. Informationen, wie die einzelnen Lichtquellen funktionieren, über ihre Charakteristiken, ihre Lebensdauer, ihren Energieverbrauch etc. finden Sie auf den Seiten 48–67. Wie verschiedene Lichtquellen auf Farben wirken, erfahren Sie auf den Seiten 168–171.

Glühbirnen (Wolframglühlampen)

Wolframglühlampen gibt es schon fast hundert Jahre (die ersten Glühlampen enthielten Karbondraht, der 1907 durch die Glühwendel aus Wolfram ersetzt wurde). Noch heute sind sie die bekanntesten und gebräuchlichsten Lampen. Glühbirnen brauchen kein Zusatzgerät, sie können direkt an die Stromversorgung angeschlossen werden. Es gibt sie in vielen verschiedenen Formen und Größen.

1 Allgebrauchsglühlampe, matt
Die älteste und gebräuchlichste Lichtquelle im Haus ist die Wolfram- oder Standardglühbirne.

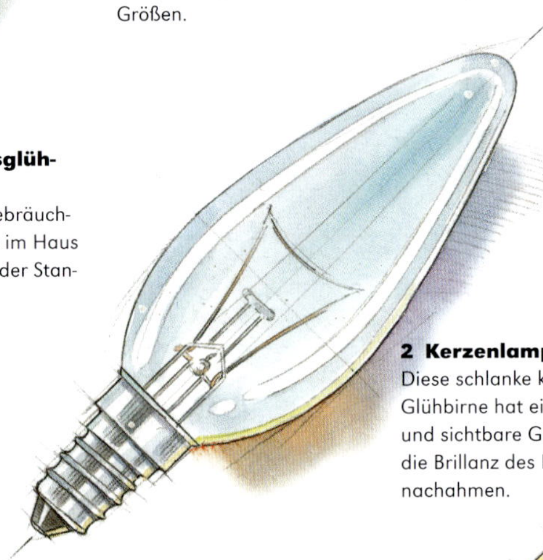

2 Kerzenlampe, klar
Diese schlanke kerzenförmige Glühbirne hat eine klare Hülle und sichtbare Glühdrähte, die die Brillanz des Kerzenlichts nachahmen.

3 Glühlampe, farbig
Mit bunt eingefärbten Glühbirnen erzielt man außergewöhnliche Beleuchtungseffekte.

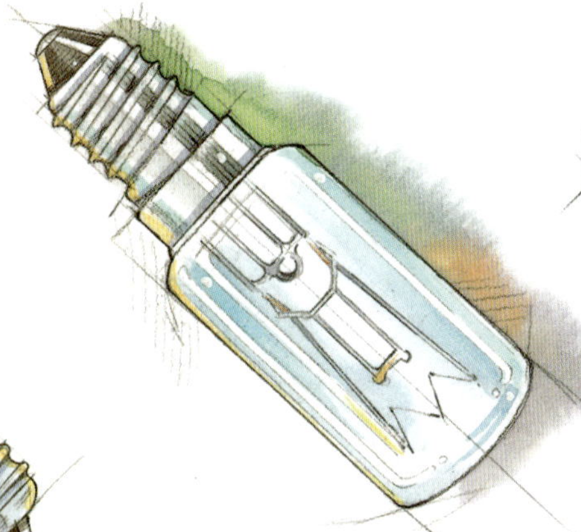

4 Birnenlampe
Die kleinen Birnenlampen braucht man für verschiedene Haushaltsgeräte wie Abzugshauben, Herde und Kühlschränke.

5 Zierkerzenlampe
So geformte Kerzenlampen werden ohne Schirm in Wand- und Kronleuchtern verwendet.

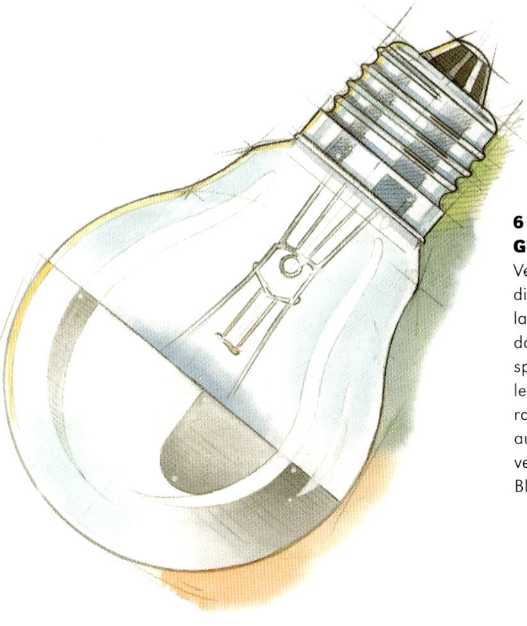

6 Kuppenverspiegelte Glühlampe
Verspiegelte Birnen sind die einfachsten Reflektorlampen. Sie reflektieren das Licht zurück, meist in speziell entwickelte Beleuchtungskörper wie Parabolspiegel. Sie können auch in Hängeleuchten verwendet werden, um Blendung zu vermeiden.

7 Globe-Lampe
Halbtransparente Kugelbirnen spenden weiches Licht, das nicht blendet und keine harten Schatten erzeugt.

8 PAR-Reflektorlampe
Parabolreflektoren aus Aluminium haben gehärtetes Glas, wodurch sie extremen Temperaturen standhalten. Es gibt sie als einfache Wolfram- oder als Wolframhalogenlampen.

9 Spot-Reflektorlampe
Ein Spot ist ein Reflektor, der einen Lichtstrahl von weniger als 30° Breite abgibt.

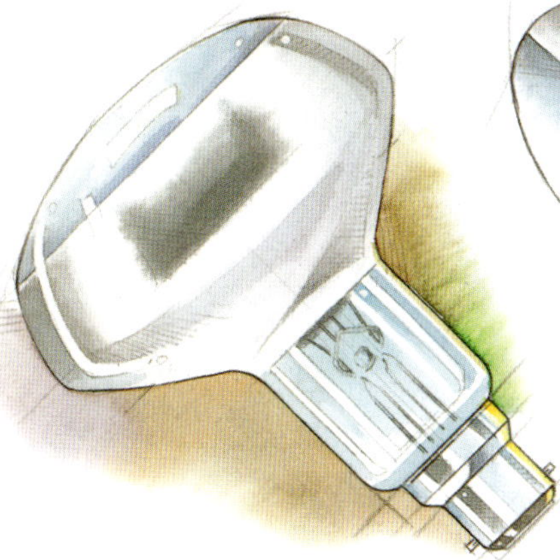

10 Flood-Reflektorlampe
Diese Reflektorlampe sendet einen Lichtstrahl von über 30° Breite aus.

Halogenlampen

Der Glühdraht in Halogenlampen brennt bei viel höheren Temperaturen als in einfachen Glühbirnen. Die Hülle ist kleiner und aus Quarz, um der Hitze standzuhalten. Hochvolt-Halogenlampen kann man in konventionellen Beleuchtungskörpern verwenden, für Niedervolt-Halogenlampen braucht man einen Transformator.

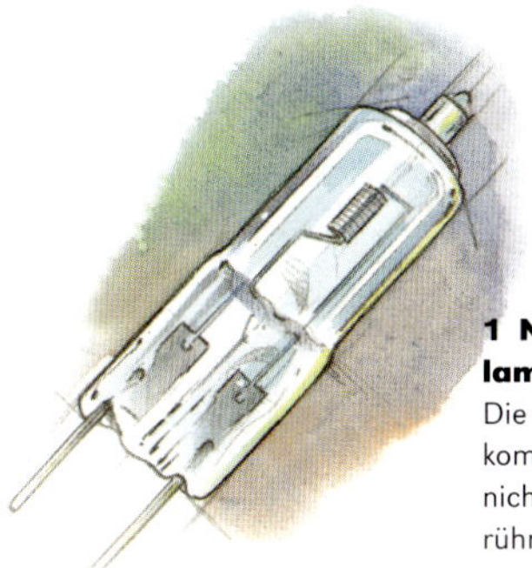

1 Niedervolt-Halogenlampe
Die Quarzhülle dieser winzigen, kompakten Kapseln darf man nicht mit bloßen Händen berühren.

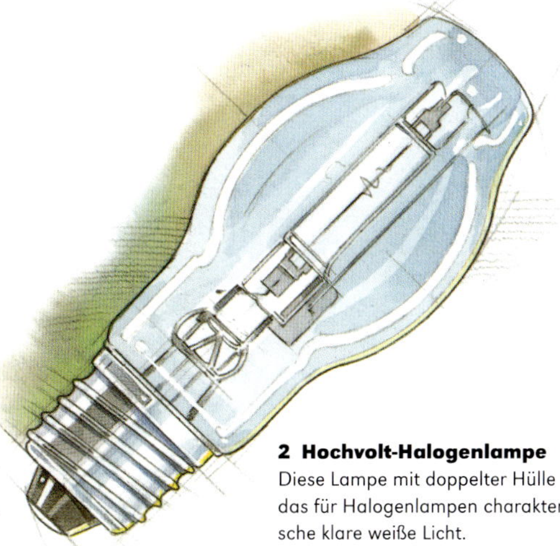

2 Hochvolt-Halogenlampe
Diese Lampe mit doppelter Hülle wirft das für Halogenlampen charakteristische klare weiße Licht.

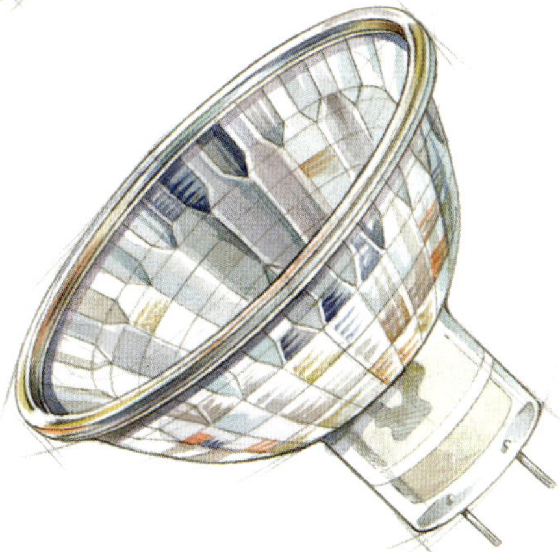

3 Kaltlicht-Reflektor für Niedervolt-Halogenlampen
Der Kaltlichtspiegel wirft das Licht nach vorne und hält Hitze zurück. Dabei spendet er einen konzentrierten kühlen Lichtstrahl.

1 Leuchtstoffröhre
Für die bekannte Neonröhre braucht man eine spezielle Halterung. Ihr Licht ist für ein gemütliches Zuhause ungeeignet.

Leuchtstofflampen

Leuchtstofflampen werden meist mit ungastlichen, geschäftsmäßigen Umgebungen in Verbindung gebracht. Die neuesten Fortschritte in der Herstellung führten jedoch zu neuen Lampen, die die Vorzüge des Leuchtstoffs – Langlebigkeit und Wirtschaftlichkeit – mit den Vorzügen von Wolfram verbinden.

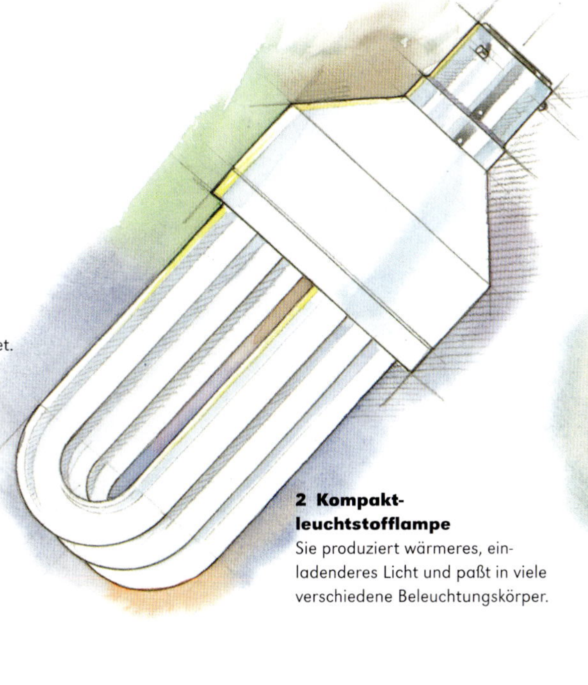

2 Kompaktleuchtstofflampe
Sie produziert wärmeres, einladenderes Licht und paßt in viele verschiedene Beleuchtungskörper.

3 Kompaktleuchtstoffkugel
Diese Form erinnert bewußt an die bekannte Wolframglühlampe.

Stromversorgung im Haus

Im Haus wird Strom auf verschiedene Arten verteilt, die von Land zu Land unterschiedlich sein können. Die gebräuchlichste Art in Deutschland ist der radiale Stromkreis für einzelne Räume, bei dem Elektrizität von einer Verteilereinheit zu einer Reihe von Steckdosen geleitet wird. Zusätzlich zum Steckdosenstromkreis verfügen die einzelnen Räume eines Hauses heute oft über einen separaten Lichtstromkreis, bei dem die Kabel Strom zu den Decken- und Wandleuchten bringen, die durch die Lichtschalter an der Wand ein- bzw. ausgeschaltet werden.

Elektrizität wird verschieden gemessen. Watt zeigt die Verbrauchsrate an: Je höher die Wattzahl, desto leistungsfähiger ist das Leuchtmittel. Die Wattzahl verschiedener Lichtquellen ist jedoch nicht einfach miteinander zu vergleichen. Zwar spendet eine Glühbirne mit 100 Watt mehr Licht als eine mit 25 Watt, doch eine Kompaktleuchtstofflampe mit 9 Watt ist so hell wie eine 40-Watt-Glühbirne. Vergleichszahlen sind jeweils auf den Verpackungen der Lampen angegeben. Ein Etikett an den Leuchten weist Sie auf die höchstzulässige Wattzahl für den Betrieb hin. Man sollte diese Zahl nicht überschreiten, da sich die Fassung sonst überhitzen kann oder gar der Schirm Feuer fängt.

Mit Ampere bezeichnet man die Fließgeschwindigkeit des Stroms. Höhere Amperezahlen bedeuten schnelleren, stärkeren Stromfluß. In Deutschland hat der Stromkreis normalerweise 16 Ampere.

Voltangaben bezeichnen die elektrische Spannung einer Stromleitung. Hauptstromleitungen in Deutschland führen 230 Volt Wechselspannung, im übrigen Europa 220 Volt; in den USA sind es 120 Volt. Daher brauchen wir im Ausland oft einen Adapter für elektrische Geräte. Niedervolt-Beleuchtungssysteme benötigen aus diesem Grund einen Transformator zur Umwandlung der Spannung auf normalerweise 12 Volt.

Aus verschiedenen Gründen kann es notwendig sein, die gesamte Elektroinstallation in einem Haus zu ändern oder zu erweitern. Das Alter der Kabel mag beispielsweise ein wichtiger Grund sein. Kabel, die älter als 20 Jahre sind, sollten ersetzt werden. Wenn eine Sicherung häufig durchbrennt, liegt vielleicht ein ernsthaftes Problem im Stromkreis vor, dessen sich ein Elektriker annehmen sollte. Möchten Sie mehr Leuchten oder andere elektrische Geräte am Stromkreis anschließen, werden zusätzliche Steckdosen nötig sein. Falls sich der Strombedarf gar drastisch steigert, brauchen Sie einen weiteren Stromkreis. Um ein Beleuchtungssystem vollkommen kontrollieren zu können, sind sogar verschiedene Stromkreise für verschiedene Gruppen von Leuchten notwendig, die einzeln geschaltet werden können. Dazu müssen Sie sich natürlich an einen qualifizierten Elektriker wenden. Eigentlich sollte jede Arbeit am Stromkreis, von der Neuverkabelung bis zum Anschluß einer festinstallierten Leuchte, von einem Fachmann, der sich mit den örtlich geltenden Bestimmungen auskennt, vorgenommen werden. Hinweise zur Sicherheit finden Sie auf Seite 182.

Man sollte einen Elektriker stets sorgfältig auswählen und ihn genauestens informieren, ganz gleich, ob Sie Ihre gesamte Elektroinstallation erneuern lassen möchten oder nur einen neuen Strahler anbringen wollen. Fehlerhafte Stromversorgung birgt viele Risiken. Schon eine falsch verkabelte Steckdose kann einen Brand verursachen. Bei Elektroarbeiten darf man sich im Gegensatz zu anderen Bau- oder Dienstleistungsbranchen keine Fehler erlauben. Bei der Planung sehr komplexer Beleuchtungssysteme kann man zusätzlich einen Lichtplaner hinzuziehen. Viele der größeren Geschäfte oder Beleuchtungsspezialisten bieten mittlerweile einen Planungsservice an, der Ihnen bei der Durchführung Ihres Vorhabens hilft. In manchen Läden gibt es auch bereits aufgebaute Systeme, an denen die verschiedenen Effekte demonstriert werden können.

Außeninstallationen

Es gibt zwei Grundtypen von Elektroanlagen im Außenbereich: Hochvolt- und Niedervolt-Anlagen. Auch Kombinationen der Systeme sind möglich. Elektroinstallation im Außenbereich gehört unbedingt in qualifizierte Hände. Das Ganze kann recht teuer sein, denn man braucht besondere Leuchten und Verkabelungen. Bei sehr großen Systemen ist zudem ein separater Verteiler nötig, der an die Hauptstromleitung angeschlossen wird. Dieser Aufwand ist auch dann notwendig, wenn noch Strom für andere Dinge, z. B. zum Beheizen eines Gewächshauses, bereitgestellt werden muß.

Bei Hochvolt-Systemen (= Normalspannungsanlagen) wird der Strom mit besonderen Hochleistungskabeln zu wetterfesten Leuchten im Außenbereich geleitet. Die Kabel müssen in Führungskanälen in einer Tiefe von mindestens 50 cm vergraben sein, sogar noch tiefer, wenn sie durch Teile des Gartens laufen, in denen eventuell gegraben wird.

Für Niedervolt-Systeme braucht man einen Transformator, um die Voltstärke herunterzuregeln. Zudem existieren gesetzliche Bestimmungen zur Positionierung des Transformators – er muß wettergeschützt, aber gut belüftet sein. Die Leistungsstärke des Transformators zeigt an, wie viele Lampen man anschließen kann: An einen 100-Watt-Transformator, beispielsweise, lassen sich vier 25-Watt-Lampen anschließen. Mittlerweile werden auch Leuchten mit integriertem Transformator angeboten.
Die Kabel, die den Strom vom Transformator zur Leuchte leiten, müssen zwar hitzebeständig sein, aber nicht unter der Erde verlaufen, da sie nur geringe Spannung führen. Wie bei Normalspannungsanlagen sollten alle Beleuchtungskörper wetterfest sein. Speziell geprüfte Leuchten für den Außenbereich sind mit einem Wassertropfen gekennzeichnet, der bestätigt, daß die Leuchte gegen Schmutz und Wasser resistent ist. Auch Steckdosen müssen wetterfest und mit einer Abdeckung versehen sein.

Lichtsteuerung

Die bekannteste Form der Lichtsteuerung ist der Schalter. Festinstallierte Leuchten wie Downlights, Wand- und Pendelleuchten werden durch Wandschalter, die meist neben der Tür angebracht sind, betätigt. An freistehenden Leuchten wie Tisch- und Stehleuchten ist der Schalter direkt angebracht. Zusätzliche Lichtsteuerungen wie Dimmer ermöglichen Ihnen, die Helligkeit je nach Stimmung und Bedarf einzustellen. Manchmal kann aber auch eine Fern- oder programmierte Steuerung ratsam sein, z. B. wenn man Eindringlinge abschrecken möchte.

Schalter

Damit Strom fließt, muß der Stromkreis geschlossen sein. Ein offener Schalter unterbricht den Stromfluß – schließt man ihn, so schließt sich auch der Stromkreis. Auf gleiche Weise wird eine Leuchte, indem man den Stecker in die Steckdose steckt, mit der Stromversorgung verbunden. Die Elektrizität kann nun arbeiten, in diesem Falle, um Licht zu erzeugen. Der Handel bietet heute viele verschiedene Schalter an mit unterschiedlichen praktischen und ästhetischen Vorteilen.

Der Standard-Wandschalter besteht aus einem Kippschalter in einer weißen Kunststoffassung. Sind mehrere Leuchten in einem Raum installiert, ist die Mehrfachschaltung sinnvoll, wodurch alle Schaltungen an einer Stelle angebracht werden können. Eine praktische Alternative sind großflächige Kippschalter. Da sie leichter auszulösen sind und auch mit dem Ellenbogen betätigt werden können, eignen sie sich vor allem in der Küche, wo man die Hände oft verklebt oder naß hat.

Standardschalter sind zwar völlig ausreichend, tragen aber wenig zur Verschönerung des Raumes bei. Wer auf Details achtet und es sich leisten kann, sollte die Schalter austauschen, denn auch sie können viel zum Gesamteindruck beitragen. Die Auswahl reicht heute von traditionellen Schaltern über 50er-Jahre-Schalter bis hin zu schlichten modernen Ausführungen.

In Leuchten integrierte Schalter variieren zwischen den üblichen Dreh- oder Druckknöpfen an der Fassung selbst bis zu Schaltern, die am Kabel angebracht sind und Fußsteuerungsknöpfen am Boden. In den Vereinigten Staaten ist es üblich, daß Tisch- und Stehleuchten nicht nur an der Leuchte selbst, sondern auch durch einen Wandschalter an- und ausgeschaltet werden können, so daß man mehrere Leuchten gleichzeitig vom Eingang aus einschalten kann.

Dimmer

Nur wenige Beleuchtungssysteme würden von einem Dimmer nicht profitieren. Er vermindert die Lichtstärke, indem er die Stromzufuhr zur Lampe verringert. In Wohn-, Schlaf-, Bade- und Arbeitszimmern kann so Hintergrund- und Arbeitslicht fein eingestellt werden. Der größte Vorteil ist eine stimmungsvolle Atmosphäre zur Entspannung, aber Dimmer verlängern durch die reduzierte Strommenge auch die Lebensdauer aller Glühlampen. Man kann allerdings nicht jede Lichtquelle dimmen. Kompakt- oder Minileuchtstofflampen sowie einige Niedervolt-Lampen können nicht ohne weiteres gedimmt werden. Doch bei allen normalen Glühbirnen oder Halogenlampen ist das möglich.

Die Nennleistung der Dimmer bestimmt, wie viele Lampen man damit steuern kann. Sie ist normalerweise schwach, d. h. man kann nur wenige Lampen mit einem Schalter betätigen, meist wird das Umgebungs- bzw. Hintergrundlicht gedimmt. Bei mehreren Schaltkreisen läßt sich auch die Anzahl der Dimmer erhöhen.

Oft sind Dimmer direkt mit dem Lichtschalter gekoppelt. Die meisten Dimmer haben eine runde Form, es gibt aber auch Schieber und Dimmer mit Sensorfeldern. Da viele Standarddimmer ein wenig brummen, werden sie oft außerhalb des Zimmers angebracht. Erhältlich sind auch höchst anspruchsvolle elektronische Lichtkontrollsysteme mit Digitalanzeige, einzelnen Schaltern für verschiedene Stromkreise und Dimmer in einer Schalttafel.

Automatikschalter

Es gibt verschiedene Schalter, die automatisch betätigt werden, etwa um Strom zu sparen oder für vermehrte Sicherheit zu sorgen. Die bekannteste Art der Automatikschalter findet sich in Kühlschränken, wo sich das Licht einschaltet, wenn die Tür aufgeht. Diese Schalter sind auch für Schränke in der Diele, Kleiderschränke und anderen Stauraum sinnvoll, wo man zur besseren Übersicht Licht benötigt.

Zeitschaltuhren können – ähnlich wie ein Heizungsthermostat die Heizung – in bestimmten Intervallen das Licht an- und ausschalten. Dadurch wird z. B. der Eindruck erweckt, daß jemand zu Hause sei. Die einfachsten dieser Geräte braucht man nur in die Steckdose zu stecken.

Lichter, die angehen, wenn sich jemand nähert, reagieren auf Wärme oder Bewegung. Auch ausgeklügeltere Systeme, bei denen das Licht ums Haus oder auch im Inneren durch die Unterbrechung eines Infrarotstrahls angeschaltet wird, sind erhältlich.

Bei der steigenden Technisierung ist es durchaus vorstellbar, daß in Zukunft jedes Haus über programmierbare Systeme verfügt, mit denen Lichtschalter automatisch zu bestimmten Zeiten betätigt werden und die durch fotosensitive Zellen auf die Schwankungen des Tageslichts oder die Annäherung eines Benutzers reagieren. Dies würde sicher zu einem effizienteren und sparsameren Energieverbrauch führen. Zum großen Teil ist diese Technologie schon entwickelt und in Theatern und öffentlichen Gebäuden bereits in Betrieb. Im Haus der Zukunft wird die ›intelligente‹ Beleuchtung möglicherweise selbstverständlich ins Leben integriert sein, und die Betätigung eines Lichtschalters erscheint dann so archaisch wie das Anzünden eines Streichholzes.

Sicherheit und Wartung

Strom kann lebensgefährlich sein, und bei der Benutzung künstlicher Lichtquellen kommen wir täglich mit diesem gefährlichen Element in Berührung. Eine Leuchte einschalten oder einstecken oder eine Glühbirne auswechseln sind Aktivitäten, über die wir kaum nachdenken, doch kommen wir so in engen Kontakt mit einer Energiequelle, die unter bestimmten Umständen tödlich sein kann.

Mit Beleuchtung und Energieversorgung verbinden sich viele Risiken. Fehlerhafte Leitungen oder Stecker, überlastete Steckdosen, kaputte Kabel oder überhitzte Fassungen können zu elektrischen Schlägen oder Bränden führen. Man kann über lose Kabel fallen oder sich an heißen Glühbirnen oder Lampenschirmen verbrennen. Der Kontakt mit Wasser oder starke Temperaturschwankungen lassen Glühlampen platzen.

Aus diesen und vielen anderen Gründen unterliegt die Installation von Leitungen und Beleuchtungen strengen Richtlinien. Diese sind von Land zu Land unterschiedlich. Mancherorts, so in Deutschland und Australien, ist es für Laien rechtlich unzulässig, auch nur die kleinsten Elektroarbeiten auszuführen. Man sollte also auf Nummer Sicher gehen und für alle Änderungen an der Licht- und Stromversorgung einen Fachmann hinzuziehen. Auf Seite 186 finden Sie Adressen von Innungsverbänden, die Ihnen einen qualifizierten Elektriker in Ihrer Nähe empfehlen können.

Die folgende Checkliste gibt Richtlinien für Sicherheit und Wartung. Unterschätzen Sie nie die Gefahren im Umgang mit Elektrizität. Und versuchen Sie nicht, der Einfachheit halber ohne Fachmann auszukommen.

Allgemein

- Kaufen Sie Leuchten in einem zuverlässigen Laden. Antike Leuchten sollten Sie auf ihre Sicherheit prüfen lassen.
- Verwenden Sie nie Glühbirnen mit mehr Watt als auf der Leuchte empfohlen.
- Wechseln Sie Glühbirnen nicht mit nassen Händen.
- Lassen Sie Glühbirnen abkühlen, bevor Sie sie anfassen.
- Fassen Sie nie Halogenkapseln mit bloßen Händen an, das Hautfett könnte die Hülle beschädigen.
- Alte Leitungen sollten geprüft und eventuell ersetzt werden. Sicherungen, die ständig durchbrennen, zeigen eventuell Schäden an und sollten vom Fachmann überprüft werden.
- Tauschen Sie defekte Kabel und Fassungen aus.
- Vergewissern Sie sich, daß Stecker richtig verkabelt sind.
- Überlasten Sie Steckdosen und Trafos nicht.
- Lassen Sie Kabel nicht lose auf dem Boden liegen.
- Drehen Sie die Sicherungen raus, bevor Sie Leuchten anschließen.
- Plazieren Sie Lampen nicht zu nahe an brennbaren Materialien wie Papier, Stoff oder Holz.

Einbauleuchten

- Wenn Sie Leuchten in Decken oder Wände einbauen wollen, lassen sie einen Fachmann entscheiden, ob es in der Decke genügend Platz zur Belüftung gibt.
- Verwenden Sie keine Einbauleuchten in alten Häusern, wo der Deckenraum zu eng oder voller Staub sein kann.
- Wählen Sie Leuchten mit hitzebeständigen Umhüllungen.
- Glühbirnen sollten ohne Schwierigkeiten ausgetauscht werden können.

Flure und Treppen

- Beleuchten Sie Treppen gleichmäßig und ausreichend, um Blendung und dunkle Schatten zu vermeiden.
- Lassen Sie auf Treppen und in Fluren keine losen Kabel liegen.
- Bringen Sie Schalter in der Nähe der Türen und auf Treppenabsätzen an. Das Licht auf der Treppe sollte man oben und unten einschalten können.

Küchen

- Arbeitsflächen müssen gleichmäßig beleuchtet sein.
- Freistehende Leuchten und lose über Boden und Flächen verlaufende Kabel sind gefährlich.
- Richten Sie die Leuchten so aus, daß sie an Spüle, Herd und Arbeitsfläche nicht unangenehm blenden.
- Überlasten Sie die Steckdosen nicht.
- Bringen Sie Leuchten nicht dort an, wo sie naßgespritzt werden könnten.

Kinderzimmer

- Versehen Sie Steckdosen mit kindersicheren Abdeckungen.
- Verwenden Sie keine freistehenden Leuchten.
- Falls Sie Tischleuchten verwenden, dann standfeste und robuste.
- Lassen Sie keine Kabel liegen, an denen Kinder ziehen könnten.
- Stellen Sie neue dekorative Leuchten außer Reichweite der Kinder auf.

Badezimmer

- Wasser und Strom dürfen nicht miteinander in Kontakt kommen. Sind Metallteile und Birnen nicht völlig umschlossen, sollten Leuchten in einem Abstand von mindestens 2,5 m zu Dusche, Badewanne oder Waschbecken angebracht sein.
- Verstellbare Leuchten könnten Sie reizen, sie mit nassen Händen anzufassen.
- Vermeiden Sie Pendel- oder sonstige Leuchten, bei denen Spritzwasser auf die Birne gelangen kann.
- Installieren Sie keine Standardsteckdosen.
- Verlegen Sie den Hauptschalter nach außen, oder verwenden Sie innen im Bad einen Kordelschalter.

Außenbereich

- Für die Außenbeleuchtung sollten Sie einen qualifizierten Elektriker hinzuziehen.
- Leuchten müssen wetterfest und, wenn Sie sie in der Nähe von Wasser aufstellen, wasserdicht sein.
- Verlegen Sie Kabel im Boden, oder führen Sie sie durch Kanäle an den Stellen vorbei, wo Sie graben oder Rasenmäher und ähnliche Geräte verwenden.
- Stellen Sie Lichter nicht so auf, daß sie Fußgänger oder Autofahrer blenden können.
- Halten Sie die Leuchten frei von Schmutz und Laub.

Leuchtenhersteller und -händler

* Hersteller von Leuchten- und Lichtsystemen. Über Telefon erhalten Sie eine entsprechende Händlerliste Ihrer Region.

Moderne Leuchten und Designerleuchten

Aera AG
Gerbergasse 42
CH-4051 Basel
Tel. 00 41/61/2 62 26 26
Fax 00 41/61/2 62 26 28

Agentur für Licht
Pflanzschulstraße 47
CH-8004 Zürich
Tel. 00 41/1/2 41 30 46
Fax 00 41/1/2 91 30 76

Arno
Savignyplatz
10623 Berlin
Tel. 0 30/3 15 94 90

*** Artemide GmbH**
Itterpark 5
40724 Hilden
Tel. 0 21 03/20 00-0
Fax 0 21 03/20 00-11
http://www.artemide.com
Angesehene italienische Leuchtenfirma, Hersteller zahlreicher moderner Leuchten-Klassiker.

Atrium
Centrepoint
22–24 St Giles High Street
GB-London WC2H 8LN
Tel. 00 44/1 71/3 79 72 88
Die neuesten Leuchten bekannter moderner Designer sowie viele moderne Klassiker.

*** Babylon Design**
Unit 7
New Inn Square
1 New Inn Street
GB-London EC2A 3PY
Tel. 00 44/1 71/7 29 33 21
Leuchten aufstrebender Designer wie Peter Wylly, Ross Menuez und Roland Simmons.

*** Basis Design Limited**
Unit 17–18
109 Bartholomew Road
GB-London NW5 2BJ
Tel. 00 44/1 71/2 84 20 40
Zeitgenössische Einzelleuchten und Lichtsysteme.

Belar Licht AG
Cäcilienstraße 14
CH-3007 Bern
Tel. 00 41/31/3 71 77 30
Fax 00 41/31/3 71 13 47

Breuer & Lensch
Großer Burstah 44
20475 Hamburg
Tel. 0 40/36 98 58-0

Cari Licht
Defreggerstraße 16
A-6020 Innsbruck
Tel. 00 43/5 12/34 42 08
Fax 00 43/5 12/34 42 97

Casamöbel
Leopoldstraße 121
80804 München
Tel. 0 89/36 48 30

Design Rampf
Kinderspitalgasse 3
A-1090 Wien
Tel. 00 43/1/4 02 17 01-0
Fax 00 43/1/4 02 17 01-17

John Cullen Lighting
585 King's Road
GB-London SW6 2EH
Tel. 00 44/1 71/3 71 54 00
Große Auswahl an praktischen Wohnraumleuchten sowie innovative, maßgefertigte Beleuchtungssysteme.

Electum
Maxburgstraße 3
80333 München
Tel. 0 89/29 63 10

Elektro Hellmann
Lange Brücke 6, 7 + 59
99084 Erfurt
Tel. 03 61/6 42 20 68
Fax 03 61/6 42 20 41

Eschbach Atelier für Lichtdesign
Schaffhauserstraße 97
79713 Bad Säckingen
Tel. 0 77 61/92 98-0

*** Erco Leuchten GmbH**
Brockhauser Weg 80-82
58507 Lüdenscheid
Tel. 0 23 51/5 51-0
Fax 0 23 51/5 51-3 00
Hersteller von Wohnraumleuchten, Industrieleuchten, Arbeitsplatzleuchten, Schaufenster-, Effektbeleuchtung.

*** Flos spa**
Via Angelo Faini
I-25073 Bovezzo (BS)
Tel. 00 39/30/2 43 81
Fax 00 39/30/2 71 15 78
Vertreter von Philippe Starck, Arteluce, Castiglioni und anderen.

Elmar Flötotto Handelsagentur
Hauptstraße 70
33397 Rietberg
Tel. 0 52 44/9 30 50
Fax 0 52 44/93 05 50

Freilicht!
Suarezstraße 41
14057 Berlin
Tel. 0 30/3 21 80 50

*** Tobias Grau KG**
Siemensstraße 35b
25462 Rellingen
Tel. 0 41 01/3 70-0
Fax 0 41 01/3 70-10 00
Entwurf und Herstellung hochwertiger Einzelleuchten und Lichtsysteme.

Fulham Kitchens
19 Carnwath Road
GB-London SW6 3HR
Tel. 00 44/1 71/7 36 64 58
Spezialist für Küchenbeleuchtung.

Habitat
Berliner Allee 15
40212 Düsseldorf
Tel. 02 11/86 50 90
Fax 02 11/13 50 14
Weitere Läden z. B. in Hamburg, Köln und Stuttgart.

High Light Lichtstudio
Im Wohnconcept
Wermbachstraße 42
63739 Aschaffenburg
Tel. 0 60 21/30 15 33-01
Fax 0 60 21/30 15 33-3

*** iGuzzini illuminazione Deutschland GmbH**
Bunsenstraße 5
82152 Planegg
Tel. 0 89/85 69 88-0
Architektonische Beleuchtung für innen und außen. Stilvolle moderne Designs.

Image
Wilhelmstraße 58
13593 Berlin
Tel. 0 30/2 29 94 07

*** Ingo-Maurer-GmbH**
Kaiserstraße 47
80801 München
Tel. 0 89/38 16 06-0
Fax 0 89/38 16 06-20
Originelle, spielerische Einzelleuchten und Lichtsysteme (z. B. fliegende Objekte auf Seilen).

Ikea
In ganz Deutschland zu erreichen unter der Nummer 01 80/5 51 52
Fax 01 80/5 35 34 36

Klimo Leuchten
Nußdorfer Straße 13
A-1090 Wien
Tel. 00 43/1/31 03 10-3
Fax 00 43/1/31 03 10-4

Kontrast
Hanauer Landstraße 297
60314 Frankfurt a. M.
Tel. 0 69/94 35 95 33

*** Kreon**
CV-Lighting GmbH
Hausener Weg 112a
60489 Frankfurt
Tel. 0 69/97 84 22-0
Fax 0 69/97 84 22-19
Formal minimierte Beleuchtungskörper, die z. T. in Boden, Wand und Decke integriert werden können.

Kurzschluß – Lichthaus GmbH
Große Elbstraße 66-68
22767 Hamburg
Tel. 0 40/30 62 13 00

Lampada
Äußere Sulzbacher Straße 11
90941 Nürnberg
Tel. 09 11/59 14 18

Lampen Förtsch
Maybachstraße 1
63741 Aschaffenburg
Tel. 0 60 21/4 79 77
Fax 0 60 21/4 75 73

Lampenfieber
Löhergraben 26
52064 Aachen
Tel. 02 41/3 35 80

Leuchtenhaus von der Brake
Peterstor 4
36037 Fulda
Tel. 06 61/81 20
Fax 06 61/9 01 16 85

Licht-Atelier Broy
Körnerstraße 27
04107 Leipzig
Tel. 03 41/2 13 06 79

Licht-Breust
Osterstraße 47
30159 Hannover
Tel. 05 11/30 66 11

Lichtgalerie
Hamburger Landstraße 6
24114 Kiel
Tel. 04 31/64 32 32

Licht im Raum
Dinnebier GmbH
Graf-Adolf-Straße 49
40210 Düsseldorf
Tel. 02 11/9 94 00-0
Fax 02 11/9 94 00-60
http://www.Licht-im-Raum.de
Leuchten-Fachgeschäft und Hersteller von innovativen Lichtsystemen und -objekten.

Lichthaus Lerch GmbH
Flachsmarkt 1
55116 Mainz
Tel. 0 61 31/2 89 39-0
Fax 0 61 31/2 89 39-11

Lichtkontor Roß
Bremerstraße 9
27749 Delmenhorst
Tel. 0 42 21/1 43 72
Fax 0 42 21/12 05 87

Lichtstudio P. Baltes
Bergstraße 51
66115 Saarbrücken
Tel. 06 81/7 70 72

Lichttechnik Georg Busch
Dohnaer Straße 111
01239 Dresden
Tel. 03 51/2 89 15-0
Fax 03 51/2 89 15-66

Licht und Form
Rathausstraße 5
33602 Bielefeld
Tel. 05 21/17 56 76

London Lighting Company
135 Fulham Road
GB-London SW3 6RT
Tel. 00 44/1 71/5 89 36 12
Große Auswahl an modernen Leuchten im aktuellsten Design. Hilfreiches und bestens ausgebildetes Personal. Leuchten von Ingo Maurer, Arteluce, Artemide und vielen anderen vorrätig.

Lumen Beleuchtungstechnik
Joseph-Mayburger-Kai 114
A-5020 Salzburg
Tel. 00 43/6 82/45 89 70-0
Fax 00 43/6 82/45 89 70-20

Luminos Lichtstudio
Heinrich-Heine-Straße 7
18199 Rostock-Warnemünde
Tel. 03 81/6 28 80
Fax 03 81/5 28 80

Magazin
Luxemburger Straße 48-58
50674 Köln
Tel. 02 21/44 60 44

* **Mathmos**
179 Drury Lane
GB-London WC2B 5QF
Tel. 08 00/1 80/01 81
Fax 00 44/1 71/5 49 27 25
Flippige, z. T. kitschige Leuchten im Retro-Stil (z. B. Astro-Leuchte).

Il Nome S
Franziskaner Straße 10
57462 Olpe
Tel. 0 27 61/56 55

* **Louis Poulsen & Co. GmbH**
Westring 13
40707 Hilden
Tel. 0 21 03/94 00-0
Fax 0 21 03/94 02 91
http://www.louis-poulsen.com
Deutsche Geschäftsstelle des berühmten dänischen Leuchtendesigners.

* **nimbus GmbH**
Rosenbergstraße 113
70193 Stuttgart
Tel. 07 11/63 30 14-20
Fax 07 11/63 30 14-14
Serienleuchten für innen und außen, auch Entwurf und Konstruktion von Sonderleuchten.

* **Oligo Lichttechnik GmbH**
Meystraße 22-24
53773 Hennef
Tel. 0 22 42/87 02-0
Fax 0 22 42/87 02-88
Hersteller und Vermarkter innovativer, eleganter Leuchten und Lichtsysteme.

Pesch
Kaiser-Wilhelm Ring 22
50672 Köln
Tel. 02 21/1 61/30

POPO Licht
Auf den Häfen 10-15
28203 Bremen
Tel. 04 21/7 50 05

RAUMLICHT Dahler-Ehrle GmbH
Große Falterstraße 3
7059 Stuttgart
Tel. 07 11/7 65 55 06
Fax 07 11/7 65 55 07

Remagen
Neumarkt 35-37
50672 Köln
Tel. 02 21/20 79 70

Otto Schatte GmbH
Hochstraße 82
23554 Lübeck
Tel. 04 51/40 88 00
Fax 04 51/40 72 61

Paul Schläfke GmbH
Berliner Straße 13
78048 Villingen-Schwenningen
Tel. 0 77 21/8 00 90
Fax 0 77 21/80 09 48

* **serien Raumleuchten GmbH**
Hainhäuser Straße 3-7
63110 Rodgau
Tel. 0 61 06/1 34 80
Fax 0 61 06/1 88 04
Hersteller hochwertiger, eleganter Einzelleuchten und Lichtsysteme in minimaler Form.

SKK
34 Lexington Street
GB-London W1R 3HR
Tel. 00 44/1 71/4 34 40 95
Beratung für architektonische Beleuchtung und Lieferant für Leuchten topaktueller junger Lichtdesigner.

Sphinx Lichttechnik AG
Bundesstraße 20
CH-6003 Luzern
Tel. 00 41/41/2 10 25 35

Tsé Tsé
in der Galerie Sentou
26 boulevard Raspail
F-75007 Paris
Tel. 00 33/1/45 49 00 05
Elegante, ausgefallene Lichtdesigns einer jungen Firma aus Frankreich.

* **Vest Leuchten**
Piaristengasse 21
A-1080 Wien
Tel. 00 43/1/40 64 36 60
Fax 00 43/1/4 06 43 67 10
Modernes, reduziertes Leuchtendesign.

Traditionelle und klassische Leuchten

*** Berliner Messinglampen GmbH**
Alt-Moabit 63
10555 Berlin
Tel. 0 30/3 99 50 36
Fax 0 30/3 92 19 18
Traditonelle Messinglampen.

*** Best & Lloyd**
William Street West
Smethwick Warley
GB–West Midlands B66 2NX
Tel. 00 44/1 21/5 58 11 91
Hersteller der klassischen Leuchte ›Bestlite‹.

Hector Finch Lighting
88 Wandsworth Bridge Road
GB–London SW6 2TF
Tel. 00 44/1 71/7 31 88 86
Spezialist für antike Leuchten.

Hemisphere
173 Fulham Road
GB–London SW3 6JW
Tel. 00 44/1 71/5 81 98 00
Nachbau von Designerleuchten aus den 40er und 50er Jahren.

*** FITZ Leuchten GmbH**
Im Winkel 26-28
52076 Aachen
Tel. 0 24 08/88 11
Fax 0 24 08/88 00
Individuell zugeschnittene Vasenleuchten.

*** interline nova GmbH**
Christine Kröncke interior design
Thirschstraße 37
80538 München
Tel. 0 89/22 10 10
Fax 0 89/22 91 77
Klassische Tisch- und Stehleuchten.

*** Tecnolumen**
Walter Schnepel GmbH
Lötzener Straße 2-4
28207 Bremen
Tel. 04 21/44 40 16
Fax 04 21/4 98 66 85
Bauhaus- und Art déco-Leuchten.

Kronleuchter

*** CP Licht Design**
Koblenzer Straße 44
53351 Rheinbach/Bonn
Tel. 0 22 26/30 45 -47
Fax 0 22 26/1 48 70
http://www. palme-leuchten.de
Herstellung klassischer und moderner Kristalleuchten für den Wohn- und Objektbereich.

*** Steng Licht Stuttgart GmbH**
Blumenstraße 36
70182 Stuttgart
Tel. 07 11/23 88 00
Fax 07 11/2 38 80 88
http://www.steng.de
Moderne Kronleuchter, unter anderen der Lüster ›Lightness‹, ausgestellt im Museum of Modern Art in New York.

WK Wohnen Einrichtungs-GmbH
Postfach 10 03 51
70771 Leinfelden-Echterdingen
Tel. 07 11/9 90 60
Fax 07 11/9 90 62 46

*** Woka Lamps Vienna**
Singerstraße 16
A-1080 Wien
Tel. 00 43/1/5 13 29 12
Fax 00 43/1/5 13 85 05
Lüster verschiedener Stilrichtungen.

Kerzen

Karl Wiedemann
Wachswarenfabrik GmbH
Maria-Ward-Platz 6
94469 Deggendorf
Tel. 09 91/3 70 70-0
Fax 09 91/3 02 13
http://www.kerzen.com
Große Auswahl an Kerzen in allen Formen, Größen und Farben und für die verschiedensten Anlässe.

Lampenschirme

*** Lampenschirm-Werkstatt**
Hans-Erich Kuntz
Spreiberg 11
59759 Arnsberg
Tel. 0 29 32/3 20 47
Fax 0 29 32/3 77 48
Moderne und klassische Lampenschirme, auch Sonderanfertigungen und Aufarbeitungen.

*** Huber Glaskunst**
Kapellenstraße 74
55294 Bodenheim
Tel. 0 61 35/60 94
Individuelle Anfertigung hochwertiger Glasmosaik-Lampenschirme, Tiffany-Replikat-Lampen, Kunstverglasungen.

Schalter

*** GIRA**
Postfach 1220
42477 Radevormwald
Tel. 0 21 95/6 02-0
Fax 0 21 95/6 02-1 99
Hersteller und Lieferant von Schaltern, Tastern und Dimmern.

*** Tecnolumen**
siehe ›Traditionelle Leuchten‹
Hochwertige, edle Schalter z. B. aus Metall und Glas in klassischen Formen.

Außenleuchten

*** Moonlight Außenleuchten**
Gewerbegebiet Hemmet
79664 Wehr
Tel. 0 77 62/10 18
Fax 0 77 62/22 03
Hersteller der mehrfach ausgezeichneten Lichtkugeln.

Windgassen + Hindrichs
Am Langen Siepen 13-15
42857 Remscheid-Vieringhausen
Tel. 0 21 91/79 09 08
Fax 0 21 91/7 37 09

Leuchten für Sonderzwecke

*** D. Swarovski & Co.**
Rettenbergstraße 30
A–6114 Kolsass
Tel. 00 43/52 24/6 71 65-0
Fax 00 43/52 24/6 70 09
Hochwertige Glasfaserbeleuchtung.

*** RILOGA**
Postfach 100751
42807 Remscheid
Tel. 0 21 91/2 07-0
Vorhang-Lichtschienen.

Handelsvereinigungen und Fachverbände

Fördergemeinschaft Gutes Licht
Stresemannallee 19
60596 Frankfurt a. M.
Tel. 0 69/6 30 23 53
Fax 0 69/6 30 23 17
http://www.licht.de
Herstellerneutraler Ansprechpartner bei Fragen zu Licht, Lampen und Leuchten, umfangreiches Informationsmaterial über richtige und gute Beleuchtung.

Lichthauspartner KG
Karlsruher Straße 91
75118 Pfortzheim
Tel. 0 72 31/9 15-1 72
Fax 0 72 31/9 15-1 28
Marketing-Gesellschaft für Einrichtungen und haustechnische Anlagen; bietet Adressen qualifizierter Elektriker und Leuchtenhändler.

Licht & Concept
Elpke 109
33605 Bielefeld
Tel. 05 21/20 92-0
Fax 05 21/20 92-5 59
Fachverband geprüfter Elektronikhändler.

Architekten und Designer

Architekten und Designer, deren Arbeiten in diesem Buch gezeigt werden

Asfour Guzy
594 Broadway
Suite 1204
USA-New York, NY 10012
Tel. 0 01/2 12/3 34 93 50
Fax 0 01/212/3 34 90 09
S. 110 oben

Ash Sakula Architects
Studio 115, 38 Mount Pleasant
GB-London WC1X 0AN
Tel. 00 44/1 71/8 37 97 35
S. 138

Bilhuber Inc.
330 East 59th Street
6th Floor
USA-New York, NY 10022
Tel. 0 01/2 12/3 08 48 88
S. 14 unten, 50 links und Mitte, 72 Mitte, 73, 116 oben rechts, 119, 133, 155

Laura Bohn Design Associates
30 West 26th Street
USA-New York, NY 10010
Tel. 0 01/2 12/6 45 36 36
S. 30, 38, 46-47, 57

Brookes Stacey Randall
34 Bruton Place
GB-London W1X 7AA
Tel. 00 44/1 71/4 95 26 81
S. 25, 60 oben, 63, 136-137, 146-147, 153 Mitte

Circus Architects
Unit 1
Summers Street
GB-London EC1R 5BD
Tel. 00 44/1 71/8 33 19 99
S. 22 links, 29, 34-35, 74, 86, 116 oben links, 117, 143 unten, 152, 153 rechts

Damien D'Arcy Associates
9 Lamington Street
GB-London W6 0HU
Tel. 00 44/1 81/7 41 11 93
Fax 00 44/1 81/5 63 77 84
S. 56 oben rechts, 114-115

Fatto A Mano by Lucretia Moroni Ltd
127 Madison Avenue
4th Floor
USA-New York, NY 10016
Tel. 0 01/2 12/6 86 48 48
Fax 0 01/2 12/6 45 15 54
S. 28, 50 rechts, 53 oben rechts

Mark Guard Architects
161 Whitfield Street
GB-London W1P 5RY
Tel. 00 44/1 71/3 80 11 99
S. 10-11, 13, 16, 41, 54-55, 59, 76 oben

Myra Hoefer Design
243 Center Street
Healdsburg
USA-California 95448
Tel. 0 01/7 07/4 33 78 37
S. 48, 52 oben rechts, 90 oben

IPL Interiors
Unit 28C1
Thames House
140 Battersea Park Road
GB-London SW11 4NY
Tel. 00 44/1 71/6 22 30 09
S. 20 unten rechts, 53 oben links, 56 oben, 91 unten, 114-115, 137, 154

Reed Creative Services Ltd
151a Sydney Street
GB-London SW3 6NT
Tel. 00 44/1 71/5 65 00 66
S. 2, 22 rechts, 106-107, 113, 135

Nico Rensch Architeam
Tel. 00 44/17 63/28 15 66
S. 71, 75 rechts, 112, 144 unten links, 157 unten

Johnson Schwinghammer
335 West 38th Street # 9
USA-New York, NY 10018
Tel. 0 01/2 12/6 43 15 52
S. 16-17, 26, 75 links

Sergisson Bates
44 Newman Street
GB-London W1P 3PA
Tel. 00 44/1 71/2 55 15 64
Fax 00 44/1 71/6 36 56 46
S. 49, 58-59, 136 unten

Shelton, Mindel & Associates
216 18th Street
USA-New York, NY 10011
Tel. 0 01/2 12/2 43 39 39
S. 16-17, 26, 68, 75 links, 83 rechts, 94, 126-127, 158-159

Seth Stein Architects
51 Kelso Place
GB-London W8 5QQ
Tel. 00 44/1 71/3 76 00 05
S. 8-9, 12, 18, 31, 32-33, 56-57, 60 unten, 76-77, 84-85, 124-125

Sally Storey John Cullen Lighting
585 King's Road
GB-London SW6 2EH
Tel. 00 44/1 71/3 71 54 00
S. 106-107, 123 unten, 135, 138-139, 143 oben

Studio Works
6775 Centinela Avenue
Building # 3
Culver City
USA-California 90230
Tel. 0 01/3 01/3 90 50 51
Fax 0 01/3 01/3 90 27 63
S. 20 links, 60-61, 153 links

Vicente Wolf Associates Inc.
333 West 39th Street
USA-New York, NY 10018
Tel. 0 01/2 12/4 65 05 90
S. 15, 28-29, 77, 78 unten, 110 unten rechts, 132-133

Greg Yale Landscape Illumination
27 Henry Road
Southampton
USA-New York, NY 11968
Tel. 0 01/5 16/2 87 23 12
Fax 0 01/5 16/2 87 21 82
S. 36-37, 51, 52 oben links und unten, 91 oben, 164 unten, 165 oben links

Bildnachweis

Alle Abbildungen, wenn nicht extra angegeben, von Ray Main:

2 Jonathan Reeds Wohnung in London, Beleuchtungsplan: Sally Storey, Design Director bei John Cullen Lighting; *3* Wohnung in New York, gestaltet von Laura Bohn Design Associates Inc., Leuchte von Lightforms; *4-5* Leuchte von Babylon Design; *6* Leuchte von William Yeoward; *7 obere Reihe links* Leuchte von SKK; *7 obere Reihe zweite Abb. von links* Greg Yales Haus in Southampton, NY; *7 obere Reihe zweite Abb. von rechts* Leuchte von Fulham Kitchens; *7 obere Reihe rechts* Greg Yales Haus in Southampton, NY; *7 zweite Reihe zweite Abb. von links* Julie Priscas Haus in der Normandie; *7 zweite Reihe rechts* Leuchte von Tsé Tsé associées, Catherine Levy und Sigolène Prébois; *7 dritte Reihe links* Julie Priscas Haus in der Normandie; *7 dritte Reihe zweite Abb. von links* Leuchte von Habitat; *7 dritte Reihe zweite Abb. von rechts* Leuchte von Tom Kirk, Space; *7 dritte Reihe rechts* Leuchte von SKK; *7 untere Reihe links* Leuchte von Ingo Maurer, London Lighting; *7 untere Reihe zweite Abb. von links* Leuchte von SKK; *7 untere Reihe rechts* Leuchte von Tsé Tsé associées, Catherine Levy und Sigolène Prébois; *8-9* Haus in London, entworfen von Seth Stein und Sarah Delaney; *10-11* Haus in London, entworfen von Mark Guard Architects; *12* Seth Steins Haus in London; *13* Haus in London, entworfen von Mark Guard Architects; *14 oben* Gilles und Cheryle Wickers Wohnung in Paris, gestaltet von Myra Hoefer Design; *14 unten* Haus in Pennsylvania, entworfen von Jeffrey Bilhuber; *15* Haus in East Hampton, Innenausstattung von Vicente Wolf; *16* Haus in London, entworfen von Mark Guard Architects; *16-17* Lee F. Mindels Wohnung in New York, gestaltet von Shelton Mindel & Associates und Reed Morrison, Beleuchtungsplan von Johnson Schwinghammer, Leuchten von Bega, MSK Illuminations; *18* Haus in London, entworfen von Seth Stein und Sarah Delaney; *19* Nello Renaults Loft in Paris; *20 links* Andrea Lurias und Zachary Feuers Haus in Los Angeles, entworfen von Studio Works, Robert Mangurian und Mary-Ann Ray; *20 Mitte rechts* Mark Jennings Wohnung in New York, gestaltet von Asfour Guzy; *20 unten rechts* Haus in London, entworfen von François Gilles und Dominique Lubar, IPL Interiors; *20-21* Lee F. Mindels Wohnung in New York, gestaltet von Shelton Mindel & Associates und Reed Morrison; *22 links* Wohnung in London, gestaltet von Circus Architects; *22 rechts* Jonathan Reeds Wohnung in London, Beleuchtungsplan: Sally Storey, Design Director bei John Cullen Lighting; *22-23* Haus in East Hampton, Innenausstattung: Vicente Wolf; *23 unten links* Darren und Sheila Chadwicks Wohnung in London, gestaltet von Sergisson Bates; *23 unten Mitte* Andrea Lurias and Zachary Feuers Haus in Los Angeles, entworfen von Studio Works, Robert Mangurian und Mary-Ann Ray; *23 unten rechts* Gai Harris' Wohnung in London, gestaltet von François Gilles und Dominique Lubar, IPL Interiors; *24 oben links* Haus in London, entworfen von Seth Stein und Sarah Delaney; *24 oben rechts* Gai Harris' Wohnung in London, gestaltet von François Gilles und Dominique Lubar, IPL Interiors; *24 unten und 25* Wohnung in London, gestaltet von Brookes Stacey Randall; *26* Lee F. Mindels Wohnung in New York, gestaltet von Shelton, Mindel & Associates und Reed Morrison, Beleuchtungsplan: Johnson Schwinghammer; *27* Suzanne Delarues Wohnung in Paris, Leuchten von Habitat; *28* Wohnung in New York, gestaltet von Lucretia Moroni; *28-29* Haus in East Hampton, Innenausstattung: Vicente Wolf; *29* John Howells Loft in London, gestaltet von Circus Architects; *30 oben* Wohnung in New York, gestaltet von Laura Bohn Design Associates Inc.; *30 unten* Leuchte von Lightforms; *31* Haus in London, entworfen von Seth Stein und Sarah Delaney; *32* Seth Steins Haus in London, Leuchte von Serge Mouille; *33* Leuchten von Erco; *34-35* Wohnung in London, gestaltet von Circus Architects; *36* Nello Renaults Loft in Paris; *36-37* Greg Yales Haus in Southampton, NY; *37* Lee F. Mindels Wohnung in New York, Beleuchtungsplan: Johnson Schwinghammer; *38* Wohnung in New York, gestaltet von Laura Bohn Design Associates Inc.; *38-39* Nello Renaults Loft in Paris; *40* Julie Priscas Haus in der Normandie; *41* Bryan Hunts und Lucy Kate Asquiths Loft in London, gestaltet von Mark Guard Architects; *42 große Abb.* Leuchte von Mathmos; *42 kleine Abb.* Leuchten von Tsé Tsé associées, Catherine Levy und Sigolène Prébois; *43 links* Lee F. Mindels Wohnung in New York, Beleuchtunsplan: Johnson Schwinghammer; *43 rechts* Seth Steins Haus in London, Leuchte von Nick Turvey; *46-47* Wohnung in New York, gestaltet von Laura Bohn Design Associates Inc., Leuchte von Lightforms; *48* Gilles und Cheryle Wickers Wohnung in Paris, gestaltet von Myra Hoefer Design, Leuchte von Luminaire; *49* Darren und Sheila Chadwicks Wohnung in London, gestaltet von Sergisson Bates; *50 links* Haus in Pennsylvania, entworfen von Jeffrey Bilhuber, Leuchte von Hansen Lighting, Hinson & Co; *50 Mitte* Haus in Pennsylvania, entworfen von Jeffrey Bilhuber, Leuchten von Joseph Richter Inc.; *50 rechts* Wohnung in New York, gestaltet von Lucretia Moroni; *51 und 52 links* Greg Yales Haus in Southampton, NY; *52 oben rechts* Gilles und Cheryle Wickers Wohnung in Paris, gestaltet von Myra Hoefer Design; *52 unten rechts* Greg Yales Haus in Southampton, NY; *53 oben links* Gai Harris' Wohnung in London, gestaltet von François Gilles und Dominique Lubar, IPL Interiors; *53 oben rechts* Wohnung in New York, gestaltet von Lucretia Moroni; *53 unten* Greg Yales Haus in Southampton, NY; *54-55* Bryan Hunts und Lucy Kate Asquiths Loft in London, gestaltet von Mark Guard Architects; *56 oben* Gai Harris' Wohnung, gestaltet von François Gilles und Dominique Lubar, IPL Interiors, und Damien D'Arcy Associates; *56 unten* Malin Iovinos Wohnung in London; *56-57* Seth Steins Haus in London, Leuchten von Erco; *57 unten* Wohnung in New York, gestaltet von Laura Bohn Design Associates Inc., Leuchten von Lightforms; *58-59* Darren und Sheila Chadwicks Wohnung in London, gestaltet von Sergisson Bates; *59* Bryan Hunts und Lucy Kate Asquiths Loft in London, gestaltet von Mark Guard Architects; *60 unten links und rechts* Wohnung in London, gestaltet von Brookes Stacey Randall; *60 unten* Seth Steins Haus in London; *60-61* Andrea Lurias und Zachary Feuers Haus in Los Angeles, entworfen von Studio Works, Robert Mangurian und Mary-Ann Ray; *61 oben Mitte* Lee F. Mindels Wohnung in New York, Beleuchtungsplan: Johnson Schwinghammer; *61 oben rechts* Darren und Sheila Chadwicks Wohnung in London, gestaltet von Sergisson Bates; *62* Leuchte von Mathmos; *63* Wohnung in London, gestaltet von Brookes Stacey Randall; *65* Lampe von SKK; *68* Lee F. Mindels Wohnung in New York, gestaltet von Shelton, Mindel & Associates und Reed Morrison; *69* Loft in London, gestaltet von Nico Rensch, Leuchte von SKK; *70-71* Leuchten von Artemide; *71* Loft in London, gestaltet von Nico Rensch, Leuchte von SKK; *72 links* Leuchte von Arteluce; *72 Mitte* Haus in Pennsylvania, entworfen von Jeffrey Bilhuber; *72 rechts* Leuchte von Artemide; *73* Haus in Pennsylvania, entworfen von Jeffrey Bilhuber, Leuchte von The Lighting Center; *74* Loft in London, gestaltet von Circus Architects, Leuchten von Basis Lighting; *75 links* Lee F. Mindels Wohnung in New York, gestaltet von Shelton, Mindel & Associates und Reed Morrison, Beleuchtungsplan: Johnson Schwinghammer; *75 rechts* Loft in London, gestaltet von Nico Rensch; *76 oben* Haus in London, entworfen von Mark Guard Architects; *76 unten links* Mark Jennings' Wohnung in New York, gestaltet von Asfour Guzy; *76 unten rechts* Wohnung in New York, gestaltet von Lucretia Moroni; *76-77* Haus in London, entworfen von Seth Stein und Sarah Delaney; *77* Haus in East Hampton, Innenausstattung: Vicente Wolf; *78 oben* Leuchte von Erco; *78 unten* Vicente Wolfs Haus auf Long Island, Leuchte von Lightforms; *79 oben* Nello Renaults Loft in Paris; *80* Leuchte von Tsé Tsé associées, Catherine Levy und Sigolène Prébois; *80-81 und 82 links* Malin Iovinos Wohnung in London; *82 oben rechts* Adrian Johnstons Loft in London, Lichtsystem von Capital Electrical Wholesalers; *82 unten* Loft in London, gestaltet von Nico Rensch; *83 links* Adrian Johnstons Loft in London, Lichtsystem von Capital Electrical Wholesalers; *83 rechts* Lee F. Mindels Wohnung in New York, gestaltet von Shelton, Mindel & Associates und Reed Morrison, Beleuchtunsplan: Johnson Schwinghammer; *84-85* Seth Steins Haus in London; *85 oben links und oben rechts* Wohnung in New York, gestaltet von Laura Bohn Design Associates Inc.; *85 Mitte unten* Gai Harris' Wohnung in London, gestaltet von François Gilles und Dominique Lubar, IPL Interiors, Leuchte von Hector

Finch; *85 unten* Haus in London, entworfen von François Gilles und Dominique Lubar, IPL Interiors, Lampenschirme von Mosaik; *86* John Howells Loft in London, gestaltet von Circus Architects, Beleuchtung von Box Products; *87 links* Wohnung in London, gestaltet von Brookes Stacey Randall, Leuchten von Iguzzini; *87 Mitte* John Howells Loft in London, gestaltet von Circus Architects; *88 oben links* Aufnahme von James Merrell (Andrew Arnotts und Karin Schacks Haus in Melbourne, Australia); *88 oben rechts* Leuchte von Hector Finch; *88 Mitte links* Leuchte von Ann Morris; *88 Mitte rechts* Leuchte von Tom Dixon; *88 unten links* Aufnahme von James Merrell (Andrew Arnotts und Karin Schacks Haus in Melbourne, Australia); *89* Leuchte von Louis Poulsen; *90 oben* Gilles und Cheryle Wickers Wohnung in Paris, gestaltet von Myra Hoefer Design; *91 oben* Greg Yales Haus in Southampton, NY; *91 unten* Haus in London, entworfen von François Gilles und Dominique Lubar, IPL Interiors; *92 links* Leuchte von Babylon Design; *92 Mitte* Leuchte von The Conran Shop; *92 rechts* Leuchte von Mathmos; *92-93* Julie Priscas Haus in der Normandie; *93 oben und unten* Leuchte von Arteluce; *93 Mitte* Leuchte von Charlotte Packe; *93 unten* Leuchte von Atrium; *94* Lee F. Mindels Wohnung in New York, Leuchte von Mobilier; *95 oben links* Lee F. Mindels Wohnung in New York, Leuchte von MSK Illuminations; *95 oben Mitte* Leuchte von Babylon Design; *95 oben rechts* Haus in East Hampton, Innenausstattung: Vicente Wolf, Leuchte von Niedermaier; *95 unten* Leuchte von London Lighting; *96* Leuchte von Babylon Design; *97 oben links* Leuchte von Tsé Tsé associées, Catherine Levy und Sigolène Prébois; *97 oben rechts* Leuchte Babylon Design; *97 unten links* Leuchte von Atrium; *97 unten rechts* Wohnung in London, gestaltet von Circus Architects; *98 oben links* Loft in London, gestaltet von Nico Rensch; *98 oben rechts* Leuchte von Artemide; *98 unten* Lee F. Mindels Wohnung in New York, Leuchte von Pollock & Associates; *99 oben links* Leuchte von Artemide; *100 links* Jonathan Reeds Wohnung in London, Leuchte von Best & Lloyd; *100 rechts* Leuchte von Ecart International; *101* Haus in Pennsylvania, entworfen von Jeffrey Bilhuber; *102 oben links* Leuchte von Ingo Maurer, London Lighting; *102 oben rechts und unten* Leuchten von Tsé Tsé associées, Catherine Levy und Sigolène Prébois; *103 oben links* Leuchte von Space; *103 oben rechts* Leuchte von Tsé Tsé associées, Catherine Levy und Sigolène Prébois; *103 unten* Leuchte von Ingo Maurer, London Lighting; *104-105* Gai Harris' Wohnung in London, gestaltet von François Gilles und Dominique Lubar, IPL Interiors; *106-107* Jonathan Reeds Wohnung in London, Beleuchtunsplan: Sally Storey, Design Director bei John Cullen Lighting; *108* Haus in London, entworfen von Ash Sakula Architects, Leuchte von Habitat; *109* Leuchte von Hansen Lighting, Hinson & Co; *110 oben* Mark Jennings' Wohnung in New York, gestaltet von Asfour Guzy; *110 unten links* Haus in London, entworfen von Seth Stein und Sarah Delaney; *110 unten rechts* Vicente Wolfs Haus auf Long Island; *111* Nello Renaults Loft in Paris; *112* Loft in London, gestaltet von Nico Rensch; *113 links* Jonathan Reeds Wohnung in London, Beleuchtungsplan: Sally Storey, Design Director bei John Cullen Lighting; *113 rechts* Jonathan Reeds Wohnung in London, Leuchten von Best & Lloyd; *114* Julie Priscas Haus in der Normandie; *114-115* Gai Harris' Wohnung in London, gestaltet von François Gilles und Dominique Lubar von IPL Interiors, Architect Damien D'Arcy Associates, Leuchten von John Cullen Lighting; *116 oben links* Wohnung in London, gestaltet von Circus Architects, Leuchten von SKK; *116 oben rechts* Haus in Pennsylvania, entworfen von Jeffrey Bilhuber; *117* John Howells Loft in London, gestaltet von Circus Architects; *118* Leuchte von Philippe Starck, umhüllt von Suzanne Delarue; *119* Haus in Pennsylvania, entworfen von Jeffrey Bilhuber; *120-121 oben* Lee F. Mindels Wohnung in New York, Licht von MSK Illuminations; *120-121 unten* Haus in East Hampton, Innenausstattung: Vicente Wolf, Leuchte von Hansen Lighting; *121 oben links* Gilles und Cheryle Wickers Wohnung in Paris, gestaltet von Myra Hoefer Design, Leuchte von Mis en Demeure; *121 oben rechts* Alex und Charlie Manners' Haus in London; *121 unten links* Jonathan Reeds Wohnung in London, Leuchte von William Yeoward; *121 unten rechts* Haus in London, entworfen von François Gilles und Dominique Lubar, IPL Interiors, Leuchte von Besselink & Jones; *122* Haus in East Hampton, Innenausstattung: Vicente Wolf; *123 oben links* Leuchten von John Cullen Lighting; *123 unten* Jonathan Reeds Wohnung in London, Beleuchtungsplan: Sally Storey, Design Director bei John Cullen Lighting; *123 oben Mitte* Mark Jennings' Wohnung in New York, gestaltet von Asfour Guzy; *123 oben rechts* Beleuchtung: John Cullen Lighting; *124-125* Seth Steins Haus in London; *126-127* Lee F. Mindels Wohnung in New York, gestaltet von Shelton, Mindel & Associates und Reed Morrison, Beleuchtungsplan: Johnson Schwinghammer; *128 links* Alex und Charlie Manners' Haus in London, Beleuchtungsplan: Sally Storey, Design Director bei John Cullen Lighting; *128 rechts* Jonathan Reeds Wohnung in London, Beleuchtungsplan: Sally Storey, Design Director bei John Cullen Lighting; *129 oben* Haus in East Hampton, Beleuchtungsplan: Vicente Wolf; *129 unten* Haus in Pennsylvania, entworfen von Jeffrey Bilhuber; *130 oben links* Leuchte von Babylon Design; *130 oben rechts* Haus in Pennsylvania, entworfen von Jeffrey Bilhuber, Leuchte von Isamu Noguchi; *130 unten* Leuchte von Mathmos; *131* Julie Priscas Haus in der Normandie; *132-133* Vicente Wolfs Haus auf Long Island, Beleuchtungsplan: Vicente Wolf; *133* Haus in Pennsylvania, entworfen von Jeffrey Bilhuber; *134 oben* Mark Jennings' Wohnung in New York, gestaltet von Asfour Guzy; *134 unten* Loft in London, gestaltet von Nico Rensch; *135* Jonathan Reeds Wohnung in London, Beleuchtungsplan: Sally Storey, Design Director bei John Cullen Lighting; *136 oben* Haus in London, entworfen von Seth Stein und Sarah Delaney; *136 unten* Darren und Sheila Chadwicks Wohnung in London, gestaltet von Sergisson Bates; *136-137* Wohnung in London, gestaltet von Brookes Stacey Randall; *137* Gai Harris' Wohnung in London, gestaltet von François Gilles und Dominique Lubar, IPL Interiors; *138* Haus in London, entworfen von Ash Sakula Architects; *138-139* Alex und Charlie Manners' Haus in London, Beleuchtungsplan: Sally Storey, Design Director bei John Cullen Lighting; *139* Loft in London, gestaltet von Circus Architects, Leuchte von Fulham Kitchens; *140 oben* Seth Steins Haus in London; *140 unten und 141* Malin Iovinos Wohnung in London; *142 oben* Nello Renaults Loft in Paris; *142 unten* Greg Yales Haus in Southampton, NY; *143 oben* Alex und Charlie Manners' Haus in London, Beleuchtungsplan: Sally Storey, Design Director bei John Cullen Lighting; *143 unten* Wohnung in London, gestaltet von Circus Architects; *144 unten links* Loft in London, gestaltet von Nico Rensch, Leuchte von SKK; *144 unten rechts* Gai Harris' Wohnung in London, gestaltet von François Gilles und Dominique Lubar, IPL Interiors, Leuchte von Graham + Greene; *145* Vicente Wolfs Haus auf Long Island, Leuchte von Lee Studio; *146-147* Wohnung in London, gestaltet von Brookes Stacey Randall; *148 oben und 148-149* Julie Priscas Haus in der Normandie; *149 oben* Malin Iovinos Wohnung in London; *149 unten* Lee F. Mindels Wohnung in New York, Leuchten von Hemisphere; *150 unten* Malin Iovinos Wohnung in London; *152* John Howells Loft in London, gestaltet von Circus Architects, Leuchten von Concord; *153 links* Andrea Lurias und Zachary Feuers Haus in Los Angeles, entworfen von Studio Works, Robert Mangurian und Mary-Ann Ray; *153 Mitte* Wohnung in London, gestaltet von Brookes Stacey Randall; *153 rechts* Loft in London, gestaltet von Circus Architects; *154 links und Mitte* Gai Harris' Wohnung in London, gestaltet von François Gilles und Dominique Lubar, IPL Interiors; *154 rechts* Haus in London, entworfen von François Gilles und Dominique Lubar, IPL Interiors; *154-155* Haus in East Hampton, Innenausstattung: Vicente Wolf; *155 links und rechts* Haus in Pennsylvania, entworfen von Jeffrey Bilhuber; *157 oben* Andrea Lurias und Zachary Feuers Haus in Los Angeles, entworfen von Studio Works, Robert Mangurian und Mary-Ann Ray; *157 unten* Loft in London, gestaltet von Nico Rensch; *158-159* Lee F. Mindels Wohnung in New York, gestaltet von Shelton, Mindel & Associates und Reed Morrison, Beleuchtungsplan: Johnson Schwinghammer; *160 links* Haus in Pennsylvania, entworfen von Jeffrey Bilhuber; *160 rechts* Seth Steins Haus in London; *161 unten* Vicente Wolfs Haus auf Long Island; *164 unten und 165 oben links* Greg Yales Haus in Southampton, NY.

Index

Danksagung des Verlags

Der Verlag dankt allen Architekten und Designern, die ihm die Genehmigung gaben, ihre Werke für dieses Buch zu fotografieren. Ein Dankeschön geht auch an die folgenden Hersteller und Händler, die Leuchten zum Fotografieren bereitstellten: Artemide UK, Atrium, Babylon Design, London Lighting Co., Mathmos, Purves & Purves and Space.

Danksagung des Autors

Mein Dank gilt Andy Green, der das Manuskript las und wertvolle Anregungen gab, ebenso Annabel Morgan, Ashley Western, Ray Main und Nadine Bazar, die an der Vorbereitung und Verwirklichung dieses Buches mitgewirkt haben.